FEMINISMO

A través de la historia del arte

FEMINISMO
A través de la historia del arte

Esther Tauroni Bernabeu

A ti mujer.

A ti mamá, y a las mujeres de mi vida por, con su ejemplo, enseñarme la receta de "Puedo más".

Presentación

Hablar de feminismo es hablar de igualdad y visibilizar las desigualdades es necesario para erradicarlas.

Las producciones artísticas son la evidencia de diferentes etapas de la historia, mentalidades y sociedades, por ello son una fuente primaria de incomparable valor para visualizar la situación de la mujer a lo largo de la misma.

A través de la historia del arte podemos descubrir y reflexionar sobre mitos y leyendas que han creado estereotipos de mujeres que perviven hasta la actualidad. Podemos comprender como la cosificación de los cuerpos femeninos han convertido a las mujeres en objetos sexuales, los cánones de belleza han ocultado las dotes intelectuales, el género masculino ha ocultado al femenino, los espacios han limitado las existencias, los roles han anulado vidas y la violencia, además de haberse justificado, se ha normalizado. A través de las producciones de la historia del arte entenderemos los desequilibrios para poder avanzar hacia la igualdad.

El arte ha tenido diferentes funciones. En unos casos su utilidad ha sido mágico-religiosa, en otras estética, ideológica, conmovedora, pedagógica, modeladora de la sensibilidad, ornamental o mercantil. Con el presente ejemplar se pretende que su función sea, además, transformadora, que provoque reacciones, se sienta el arte y se avance en el feminismo, es decir, se convierta en un agente socializador al servicio de una sociedad igualitaria.

El arte permite un desarrollo democrático amplio y libre donde es posible evidenciar las diferencias de género, cultura y nivel socioeconómico. Es una forma alternativa de formación y educación. Es, ante todo, un poderoso medio de transmisión de valores.

En artículos que he escrito, charlas y debates que he organizado o talleres que he coordinado, he comprobado, de primera mano, como una obra de arte atrae y es, además de una herramienta de comunicación, un punto de arranque de espacios de expresión que activa la inclusión, la transformación personal y social.

El arte tiene un lenguaje universal que supera barreras idiomáticas y generacionales, transmite experiencias donde pueden reconocerse vivencias individuales y comunes, favorece y estimula los cambios sociales. Es, en definitiva, un fabuloso instrumento generador de ambientes de expresión, encuentro, participación y desarrollo personal. Espacios que permiten trascender dificultades y, para el caso específico de este ejemplar, evidenciar la desigualdad que viven las mujeres y avanzar, conjuntamente, hacia la igualdad.

La expresión es una dimensión y un derecho fundamental de las personas y, la expresión artística, una vía privilegiada para que podamos, especialmente quienes afrontan situaciones de exclusión o vulnerabilidad, desarrollarse, reivindicar y ejercer sus derechos.

Unas conocidas, y otras quizá no, obras del renacimiento, del barroco, de movimientos de vanguardia y contemporáneos; de diferentes escuelas, artistas, países o instituciones que las guardan, nos acercaran en este libro a dialogar con el arte y a encontrar en sus obras motivos para hablar del feminismo.

Invito pues, a mujeres y hombres conscientes de los desequilibrios sociales y firmemente creyentes en la igualdad entre géneros a detenerse en las obras que propongo al principio de cada capítulo, a observarlas, sentirlas y pensar. A continuación a leer, con espíritu crítico, a cuestionar las opiniones vertidas, a enriquecerse con las que sean afines. Y, en última instancia, a transformarse, a crecer, a incrementar la empatía hacia las mujeres, evidenciar y reconocer situaciones personales, familiares o ajenas. A entender que el arte es un útil incuestionable en la educación para la igualdad.

Deseo que, tras leer el presente ejemplar, estar ante una obra de arte sea una oportunidad no solo para el deleite sino también para comprender que es una oportunidad para la reflexión, el dialogo y el debate por el contenido que cada obra posee.

Índice

Prólogo

La violencia de género es una lacra social que afecta a todas y a todos. A las mujeres por ser las víctimas directas; a los hombres por ser compañeros, padres, hijos, hermanos y tener vínculos sanos con las mujeres.

El feminismo y la educación en la igualdad es la clave para erradicar las violencias. Y no se trata de educar a quienes están en periodo de escolarización, sino de hacerlo a toda la población previniendo, sensibilizando y concienciando. Las producciones de la historia del arte, como reflejo de la sociedad, son una herramienta pedagógica magnífica para visibilizar las desigualdades, mover conciencias y abrir necesarios debates.

La entrada en vigor de la Ley integral contra la Violencia de género (LO 1/2004) creó un clima de esperanza para poder atajar la realidad de las mujeres víctimas de violencia de género. Sin embargo ni dicha ley ni el Pacto de Estado contra la Violencia de Género han sido la panacea para atajarla, si no que no para de incrementarse. Actualmente las cuotas de violencia de género son cada vez más altas entre los más jóvenes.

En España 1,4 millones de mujeres han sido víctimas de violencia sexual. Cada 8 horas una mujer sufre una violación en nuestro país. En lo que llevamos de año, el número de mujeres asesinadas por sus parejas o exparejas no para de crecer. La violencia contra las mujeres, y sus hijos - una nueva forma de agresión contra las mujeres-, requiere ser abordada en toda su gravedad.

El asesinato y la violación son la punta del iceberg. La invisibilización, el control, la exclusividad, el aislamiento, la anulación y el chantaje emocional son formas sutiles e invisibles de esta violencia. Los desprecios, las humillaciones y las amenazas, también lo son. Gritos, insultos, agresiones físicas y abusos además de ser evidentes, son antesalas de dramáticos finales. Unas y otras manifestaciones se nutren en el sistema patriarcal.

En demasiados sectores estos comportamientos sociales están normalizados. La sociedad parece resignada a la existencia de este gravísimo problema que se suele entender como un asunto doméstico que solo afecta a las partes implicadas cuando realmente es de índole social y comunitario.

La sociedad de hoy y las generaciones futuras precisan herramientas para ejercer la crítica y discernir los contenidos machistas que respiramos a diario a todos los niveles, desde los forman parte de la cotidianeidad hasta los que nos llegan desde los medios de comunicación, publicidad e internet.

Tradicionalmente las producciones artísticas se han estudiado desde su descripción formal, perdiendo la oportunidad de contribuir en la formación y socialización. Es hora de entender el arte como transmisor de cultura, de sentimientos, de experiencias, de dialogo. El arte revela historias, intencionalidad, significados, ideas, unas intrínsecas y otras que podemos crear en función de la concepción de nuestro mundo. Huyendo del utilitarismo y el objetivismo de la historia del arte, analizando otras cuestiones diferentes a las formas y su uso o el dominio de la técnica hallaremos en la historia del arte, la historia de la plasmación de ideas, sentimientos, cultura y folklore humanos. Y como tal debe ser entendida, estudiada y transmitida a las nuevas generaciones que así verán su vida enriquecida desde muchos más frentes que el puramente formal.

Por encima de las individualidades, procedencia geográfica o económica, la historia del arte debe entenderse como la historia de la creatividad abriendo nuevos modos de entender el universo y expresarlo. Las producciones artísticas nos revelan la imparcialidad con que se ha representado a la mujer, el fantasma masculino que la creó, los estereotipos y arquetipos en la figuración femenina, las creaciones de ellas, los falsos mitos, leyendas y relatos que esconden las obras. En definitiva, ofrecer visiones menos individualistas, etnocéntricas y androcéntricas haciendo partícipes, a mujeres y hombres, de una historia en proceso, susceptible de crítica interna, que evidencie su utilidad transformadora en la sociedad.

Las imágenes deben ser sometidas a un proceso decodificador que permita, no sólo su lectura, sino su disfrute en plenitud. Privar al ser humano de la capacidad de comprender y disfrutar la imagen, de conmoverse ante ella, es privarlo de parte de su potencial.

Con perspectiva de género me propongo acercar el arte a la ciudadanía y la realidad de las mujeres al arte con el objetivo de descubrir en el primero una magnífica herramienta que visibiliza la historia que ha vivido el mundo femenino y, en el segundo, la lacra de la violencia machista.

Observar las obras propuestas en cada capítulo, pensar, sentir, leer las opiniones subjetivas que se expresan, invitar a dialogar, a contrastar ideas y exponer diferentes puntos de vista son las intenciones de esta autora en el presente ejemplar. Si se está o no de acuerdo, lo importante es no dejar a quien lee indiferente. Crear debate es el motivo final.

Sensibilizar, prevenir y concienciar sobre las desigualdades existentes entre diferentes géneros es la cuestión. Abogar por la igualdad, la solución.

Mitos, leyendas, relatos, obras de autoría masculina, imágenes femeninas e historias de mujeres, son el trasfondo del análisis de obras de arte que invitan a hablar de desequilibrios sociales, sentires y realidades en clave feminista, desvelando irracionalidades del momento actual.

DE SER ECO A SER GRITO: EL 8 DE MARZO

John William Waterhouse "Eco y Narciso". Óleo sobre lienzo. 236x107 cm. 1908. Walker Art Gallery, UK.

Siglos de cultura patriarcal, de sometimiento, desequilibrio y desigualdad han mantenido silenciadas a las mujeres y tan solo permitiendo dar un discurso repetitivo y reiterativo inventado por el androcentrismo, para ensalzar y potenciar las cualidades masculinas e invisibilizar las necesidades femeninas. Resulta nauseabundo que cuando las mujeres hemos reclamado igualdad y reivindicado tener presencia en el espacio público algunos sectores, intimidados por ello, hayan dicho que gritamos, voceamos, escandalizamos, "estamos con la regla" o somos provocadoras, todo un despropósito misógino que revela el temor a perder a la servidumbre que hemos sido para ellos.

El patriarcado precisa poder, sumisión, sometimiento, esclavitud y silencio por parte de quienes creían eran concubinas de su harén, en el mejor de los casos nos han permitido ser sus ecos, y resulta interesante profundizar en el origen de los conceptos.

Muchos artistas, entre otros el prerrafaelista inglés John Waterhouse, se inspiraron en la leyenda de Eco para concebir una de sus obras, en este caso un óleo sobre lienzo hoy en la Walker Art Gallery ejecutado en 1903. El cuadro se titula "Eco y Narciso", leyenda relatada en

"Las Metamorfosis de Ovidio", y ejemplificante de las diferencias vitales que hemos vivido por razón de género: mientras en un bucólico bosque Narciso, indiferente ante la presencia de Eco, se enamora de su propia imagen, ella con un cuerpo absolutamente cosificado, calla, observa y espera.

Como todas las mujeres que aparecen en las pinturas, salvo que sean brujas, locas, viejas o rameras, Eco es inmensamente bella, dulce, plácida, serena y por supuesto muestra su seno al voyerista espectador. Narciso broncíneo, musculoso y cubierto no precisa mostrar ningún atributo para ser bello.

En la mitología Eco era una ninfa que resaltaba entre el resto por sus palabras, su entonación, su expresión, que regalaba a los oídos que la escuchaban, sus frases se asimilaban a canciones , sus oraciones a poemas, su virtud estaba en el habla. Zeus, el dios de los dioses, la sentía embelesado, lo que molestaba a su mujer Hera. Así pues, y celosa, castigó a Eco suprimiéndole la voz, el poder expresarse y la condenó a repetir la última palabra que pronunciaba la persona con quien mantenía conversación. Los celos de Hera, provocados por las incesantes infidelidades de su esposo, negaron a Eco su preciado don, su capacidad de expresarse, de relacionarse y de tener iniciativas el resto de su vida. La sometieron y apartaron en un recóndito campo.

En absoluta soledad, y paseando por la ladera, Eco vio a Narciso, un pastor hijo de la ninfa Liríope y del dios rio Céfiso, del que se enamoró como ya habían hecho muchas mujeres y a las que había rechazado.

Eco le fue siguiendo sin que él se diera cuenta. Cuando se decidió a acercarse las palabras se negaron a salir de su boca y se ocultó detrás de un árbol seco. Entretanto Narciso hablaba con las flores del bosque:

– *Hermosa flor, flor olorosa...*

– *Rosa, -repitió Eco-.*

Narciso escuchó la voz de Eco y gritó: – ¿Hay alguien por aquí?

– Aquí, aquí, -respondió la ninfa-.

Narciso, al oír a Eco, contestó: – ¿Quién se oculta cerca de ese árbol seco?

Y la bella ninfa salió de entre los árboles con los brazos abiertos diciendo: – Eco, Eco.

Cuando se encontraron, Eco abrazó a Narciso, pero éste la rechazó y le dijo: – No pensarás que yo te amo...

– ¡Yo te amo!, ¡yo te amo!, -le contesta Eco-.

Entonces gritó Narciso: – No puedo amarte.

– Puedo amarte, -repetía con pasión Eco-.

Narciso huyó entre los árboles diciendo: – No me sigas, ¡adiós!

– Adiós, adiós, -contestó Eco-.

Némesis, diosa de la venganza, escuchó su ruego. En un tranquilo valle había una laguna, de aguas claras, que jamás había sido enturbiada, ni por el cieno, ni por los hocicos de los ganados. A esa laguna llegó Narciso y, cuando se tumbó en la hierba para beber, Cupido le clavó, por la espalda, su flecha del amor,... lo primero que vio Narciso fue su propia imagen, reflejada en las limpias aguas y creyó que aquel rostro hermosísimo que contemplaba era el de un ser real, ajeno a sí mismo. Se enamoró de aquellos ojos que relucían como luceros, de aquellas mejillas imberbes, de aquel cuello esbelto, de aquellos cabellos negros. Se había enamorado de él mismo y ya no le importó nada más que su imagen. Permaneció largo tiempo contemplándose en el estanque y, poco a poco, fue tomando los frescos colores de esas manzanas, coloradas por un lado, blanquecinas y doradas por otro, transformándose lentamente en una flor hermosísima que al borde de las aguas seguía contemplándose en el espejo del lago. En el mismo instante que Narciso se transformó en flor, Eco se desmoronó en la hierba, muerta de amor.

El cuerpo de Eco nunca se pudo encontrar pero por montes y valles, en todas las partes del mundo, aún responde a las últimas sílabas de las voces humanas. Esas últimas sílabas son las que el patriarcado nos ha impuesto repetir a las mujeres como si fuéramos un fenómeno acústico de sus propias voces.

Siglos de silencio, de obediencia, de leyendas, mitos y tradiciones que han condenado a las mujeres a recluirse en un rincón apartado en el ámbito privado parecen haberse empezado a esclarecer con las oleadas feministas que han devuelto la voz al género femenino y que, a gritos, reivindica la igualdad. Curioso concepto el de grito, puesto que el mismo patriarcado lo asocia a la histeria, la falta de control, el emocionalismo y sentimentalismo que tambén nos estigmatiza a las mujeres, cuando realmente el grito, que, etimológicamente, procede del latin *quiritare* hace referencia a llamar en auxilio y, precisamente los *quirites* eran los ciudadanos, civiles o paisanos romanos que se oponían al ejército y a los soldados en la antigua Roma.

Quirino, dios de la guerra, les protegía. Así pues y más de 20 siglos después nos encontramos con formas de expresión propias de las clases oprimidas frente a las dominantes, de la sociedad frente al poder. Y lo hacemos en el *Quirinale,* antigua colina de Roma y, metafóricamente, hoy espacio público dónde demandar la igualdad de oportunidades entre hombres y mujeres.

El 8 de marzo de 1857, en Nueva York, cientos de mujeres de una fábrica de textiles se manifestaron por las calles de la ciudad clamando que sus salarios eran menos de la mitad de lo que percibían los hombres por la misma tarea. La jornada terminó con 120 mujeres asesinadas en la marcha y a la fundación, por las supervivientes, del primer sindicato femenino.

En 1975 la ONU oficializó la fecha del 8 de marzo como Día internacional de la Mujer y, desde entonces, con más fuerza en los últimos años, para nosotras esa fecha es un referente en la visibilización de la vulnerabilidad política, económica y social que vivimos, las desigualdades e injusticias que soportamos en un sistema patriarcal y capitalista en el que, pese a quien le pese, la mujer avanza acompañada de padres, hijos, parejas y hombres solidarios, sensibilizados y conscientes de la necesidad de igualdad que precisamos en esta lucha necesaria y beneficiosa para unas y todos.

En masa, con sororidad, empoderadas y firmes en nuestras convicciones y creencias el 8 de marzo las mujeres precisamos dejar de ser ecos y reivindicar que la salida de ese mundo de cuidados y atenciones a que se nos ha relegado y que además de no ser remunerado ni reconocido, es la base del buen funcionamiento y equilibrio social.

EL GENIO, LA GENIA Y LA GENIALIDAD: DORA MAAR.

Dora Maar "Nusch Eluard". 1935.

Por todas es sabido la burla y menosprecio que demasiados sectores evidencian cuando tratamos de democratizar el lenguaje, de hacerlo inclusivo, de desdoblarlo para feminizarlo e integrarnos.

Del miembro a la miembra, como del genio a la genia hay el mismo paso, de modo que hablaré de genialidad, que, además de ser femenino, es un calificativo idóneo para hablar de la producción artística de Dora Maar, quien tuvo la desgracia de formar parte del albúm de cromos de Pablo Picasso que afirmaba que "La mujer genio no existe; cuando existe es un hombre".

Desde tiempos de la antigua Roma, la palabra "Genius" era un sustantivo masculino referido a una deidad a la que conceptualizaban como la encarnación divina de la capacidad de crear que residía en la mente del hombre. Genius se convirtió en una especie de espíritu guardián divulgándose la creencia de que cada hombre que era cabeza de familia tenía su propio "Genio", a la vez protector del resto de miembros del grupo familiar. Más tarde se difundió la idea de que cada lugar o cada organización tenían su propio genio (genius loci o genius populi).

A partir del concepto "genio" se construyó el concepto de artista y se aplicó a lo masculino, sin aceptarse hasta hoy el equivalente femenino y, por supuesto no calificando en el terreno artístico o científico a mujeres con tal designación lo cual nos lleva también a meditar sobre la idea de porque motivo han permanecido en el anonimato grandes mujeres artistas. Y es que, desde la Antigüedad, se ha creído en la inexistencia de genios femeninos argumentando la supuesta inferioridad cultural e intelectual de las mujeres y, a medida que ha avanzado la historia, pese a demostrarse la equiparación de la inteligencia del hombre y la mujer, las producciones de las féminas han tenido menor repercusión y reconocimiento, puesto que socialmente no formaban parte del espacio público.

Nos encontramos pues con la concesión de méritos femeninos como el de copista, aficionada, seguidora, imitadora, discípula de un genio, pero nunca catalogada como tal.

Así pues, y sin caer en el debate del genio o la genia, y sin tampoco utilizar en mi discurso el masculino para referirme a la mujer, opto por el concepto de "genialidad" para referirme a mujeres artistas que han despuntado por su innovación, creatividad, determinación y autenticidad.

Dora Maar es un ejemplo entre miles. Fue una artista plástica, pintora, escultora y fotógrafa surrealista francesa cuya carrera profesional se truncó al conocer a Pablo Ruiz Picasso quien, atraído y hechizado por un talento superior al de él, se dedicó los años que estuvo con ella a menospreciar su trabajo, a anularla y convertirla en parte de su séquito. Cuando Dora entró en la vida de Picasso, entró en el círculo de la violencia, en una escalada que terminó cuando él consiguió que ella, tras 10 años de malos tratos afirmara que

"Después de Picasso, sólo Dios". Aceptado ello, el malagueño la aborreció y abandonó.

Dora Maar fue una de las siete mujeres-pareja visibles en la vida de Picasso. Se conocieron en 1936, ella tenía 29 años, él 55, estaba casado con Olga Koklova y esperando una hija de Marie-Thérèse Walter, a la que llamó Maya. La relación finalizó cuando en 1947 Picasso conoció a François Gillot, que tenía 21 años y a la que embarazó primero de Claude y después de Paloma.

Su nombre original fue Henriette Theodora Markovitch. Nació en Tours, Francia, el 22 de noviembre de 1907 y falleció en París en 1997. Su padre arquitecto, y su madre violinista proporcionaron a Dora una vida acomodada y cultivada, hablaba francés, croata y castellano, puesto que vivió su adolescencia en Argentina. Ya en Francia, comenzó sus estudios en la Academie

Lothe, para después ingresar en L'École de fotografía de la Ville de París y, tras ciertas incursiones en el mundo de la pintura, fue en esta donde consiguió destacar.

Sus primeros pasos en el mundo de la fotografía los dio en el estudio de Harry Meerson, más tarde comenzó a trabajar con, el también fotógrafo, Pierre Keffer junto al que colaboró en revistas de moda como "Madame Fígaro" y en campañas para cosméticos cuya protagonista era Assia (musa por excelencia del movimiento surrealista). En estos años sus temas preferentes fueron las fotografías de rostros y desnudos femeninos, muy osados para esos años, así como paisajes oníricos, ensoñadores, cautivadores por sus lecturas ambiguas. Los rostros, superpuestos, también fueron una innovación en este arte. En su obra buscaba romper con los convencionalismos asociando libremente imágenes, buscando formas ocultas y creando diferentes realidades sugerentes para el espectador. En cierta medida eran obras tenebrosas, místicas, enigmáticas que delataban su carácter inteligente, melancólico y complejo.

Del dadaísta Man Ray aprendió la técnica del desenfoque y experimentó con el fotomontaje, el fotocollage y la sobreimpresión; de Giorgio de Chirico se nutrió para idealizar sus imágenes y arquitecturas en la metafísica irracional de los sueños, envolviendo su obra en un halo enigmático, "Silence", "Cavaliers" y "Rue d´Astorg" son muestra de ello.

A la par que artista, Dora Maar fue una mujer activista, reivindicativa y extraordinariamente sensibilizada por los acontecimientos políticos y sociales que estaban sucediendo a mediados de los años 30. Así, y tras entrar en contacto en 1934 con el escritor y antropólogo francés George Bataille, decidió viajar a España que estaba en vísperas de guerra y, en Barcelona, inició una serie de fotografías dónde captó la realidad de la miseria, la pobreza, la desesperación y la marginalidad a través de mendigos, niños y mujeres que deambulan por los barrios trabajadores de la ciudad condal. Posteriormente, en París y Londres pasó a ser una tenaz activista de izquierdas que denunció su indignación con sus fotografías.

En 1936 conoció a Picasso convirtiéndose en el testigo más valioso de la evolución del "Guernica", fotografiando cada engranaje del proceso creativo, al pintor en diferentes momentos, la obra iniciada y terminada. También ese mismo año realizó una de sus obras más conocidas "El retrato de Ubú", protagonista de la obra de teatro de Alfred Jarry titulada "Ubú rey" y cuya imagen se convirtió en icono fotográfico del surrealismo.

A la relación de Dora con Picasso, su padre y su madre se opusieron desde el principio tanto por la diferencia de edad como por la fama mujeriega y desequilibrada del malagueño, sin embargo, ella, enamorada ignoró sus pareceres y se volcó y aisló con el pintor. Picasso menospreciaba su arte, para él no tenía valor la fotografía como tampoco el sentido que ella le daba, la humillaba y se burlaba mientras intentaba adiestrarla con los pinceles. A la par, y como al resto de mujeres, Picasso convirtió a Dora en su modelo y musa, a la que siempre pintó triste y llorando.

Testigos y amigos afirmaron que tanto psicológicamente como físicamente el pintor maltrató a la fotógrafa, el genio a la genialidad. Ante las vejaciones Dora se desequilibró y, debido a su comportamiento irracional, Jacques Lacan la psicoanalizó y recomendó su ingreso en el hospital de Sainte-Anne donde le aplicaron electroshock. Paul Éluard, amigo de Dora y poeta dadaísta, acusó a Picasso de hacerla sufrir demasiado. Para entonces el malagueño, con 61 años, ya había conocido a François Gillot, de 21 y con la que mantenía una relación.

Enferma y sin saber decantarse por una vía artística que aliviase su dolor, desde 1945 y hasta su muerte en 1997 la carrera artística de Dora Maar, que había sido tan prolífica como notable, cayó en un declive absoluto, marcando su vida, desde entonces, el recogimiento y el refugio en la religión encerrada en su estudio de París. En su testamento dejó sus bienes (entre los que se encontraban 130 Picassos y la mayoría de sus fotografías) a un monje.

El nombre de Dora Maar se eclipsó a la sombra del pintor y ocultó a la mejor fotógrafa del movimiento surrealista a la par que una de las pioneras del fotoperiodismo documental.

Los malos tratos psicológicos conducen al miedo, la ansiedad, la depresión, la ira, el estrés, el aislamiento, la dependencia y genera heridas devastadoras que persiguen a las víctimas durante muchos años, incluso durante la vida entera robando proyectos vitales e impidiendo gozar de una existencia plena. Dora Maar fue víctima de ello, pero no ha de serlo también del olvido de su genialidad, puesto que pese a vivir a la sombra de Picasso, lo superó en talento.

LOS FLOREROS DEL PATRIARCADO: EL RETRATO DE AMALIA DE LLANO DE FEDERICO DE MADRAZO.

Federico de Madrazo y Kunt "Retrato de la Condesa de Vilches". Óleo sobre lienzo. 126 x 89 cm. 1853. Museo del Prado.

Las mujeres hemos realizado importantísimas aportaciones, a lo largo de la historia, al mundo de las matemáticas, física, biología, literatura, arte, y lo hemos hecho en condiciones especialmente difíciles. El patriarcado se ha encargado de infravalorar y hasta invisibilizar nuestros descubrimientos y hallazgos y las imágenes de las mujeres mostrarlas desprovistas de cualquier dote intelectual, convirtiéndonos en objetos decorativos cual floreros, candelabros, cuadros o tapices para hacer más agradables los rincones del hogar.

La retratística femenina evidencia que las mujeres independientemente de ser científicas, escritoras, pintoras o dedicarse a cualquier otro campo del saber son retratadas como mujeres ausentes de elementos iconográficos que ofrezcan al espectador información sobre sus conocimientos, hecho que en los retratos masculinos no sucede. Libros, galardones, instrumentos, báculos o armas acompañan a personajes masculinos de la historia que nos hablan de sus heroicidades o hazañas, mientras que las mujeres posan huérfanas de elementos que las distingan.

La filosofía aristotélica, que es el principal referente en el pensamiento occidental, constituyó un ideario pernicioso que ha sobrevivido hasta la actualidad considerando a las mujeres inferiores tanto física como psicológica y moralmente, incluso "meras vasijas vacías del recipiente del semen creador". En su obra, "*Historia de los animales*", Aristóteles establece las diferencias entre los sexos y afirma que la Naturaleza les ha dado características mentales diferentes. Para el filósofo la mujer tiene una disposición más suave, más compasiva, más inclinada al llanto, más impulsiva, más celosa, más desconfiada, más cobarde, más falsa, más inclinada a la murmuración y al enfado; posee menos vergüenza y dignidad, es menos activa y requiere menor cantidad de alimentos, pero es más cuidadosa con su prole y tiene mayor memoria. Por increíbles que nos resulten, estos calificativos han sobrevivido durante cerca de 25 siglos dando por resultado imágenes amables, dulcificadas, incluso coquetas, cualquier cosa excepto intelectuales.

Uno de los grandes maestros del retrato femenino español es Federico de Madrazo, además de magnífico representante del romanticismo y para quien posaron escritoras de la talla de Gertrudis Gómez de Avellaneda y Carolina Coronado. Su obra "La condesa de Vilches" que es Amalia de Llano y Dotres, es una de las cumbres pictóricas del siglo XIX y de las más emblemáticas del Museo del Prado. Amalia fue escritora, activista política, actriz y directora de obras de teatro y tertulias literarias. A través de su retrato no podríamos imaginar lo que ella fue.

Amalia de Llano nació en Barcelona el 29 de abril de 1822, su padre Ramón de Llano Chávarri y su madre Pilar Dotres Gibert pertenecían a la adinerada burguesía catalana. Al fallecer su padre, su madre se casó con el IX marqués de Almonacid, Francisco Falcó y Varcárcel, lo que les permitió introducirse en los círculos aristocráticos. A los 17 años, en octubre de 1839, se casó con Gonzalo de Vilches y Parga, 14 años mayor que ella, y con quien tuvo un hijo y una hija, Gonzalo y Pilar. La reina Isabel II, en 1848, ennobleció al marido de Amalia nombrándolo conde, de modo que ella fue condesa.

Sus tareas de reproducción y cuidados Amalia las compatibilizó con la lectura y la escritura, consiguiendo publicar dos novelas "Ledia" y "Berta", así como con la participación y organización de obras de teatro, musicales y encuentros literarios a los que acudían intelectuales y artistas de la época, uno de ellos Federico de Madrazo quien la retrató teniendo ella 32 años, en 1853. Su fallecimiento, con tan solo 52 años, fue muy sentido en Madrid publicándose varios artículos en la prensa del momento y reconociéndola como figura activa de la vida cultural de la capital decimonónica. Fue enterrada en el panteón familiar en el cementerio de San Isidro.

El retrato de Amalia, un óleo sobre lienzo de 126 x 89 cm, rebosa de encanto, refinamiento y primor, con un aire muy "chic" y francés y una postura sensual que realza la blancura de la carne con el fondo oscuro y el vivaz vestido. Su sonrisa seductora, su dulce mirada y la delicadeza con que sostiene el abanico, dan a la obra la catalogación de soberbia, en tanto en cuanto cada pincelada enmascara quien fue esta mujer.

Siendo un retrato magnífico por su estilo, tratamiento, composición y color lo cierto es que bien por elección del artista o por decisión de la protagonista, Amalia pese a haber roto con los estereotipos de su momento, los prolonga en la obra. Una plumilla para escribir o un libro entre las manos podrían haber suplido al abanico de plumas que porta, pero quizá ni uno ni otra estaban ideados para descubrir los talentos de las mujeres, siendo preferible seguir mostrándolas como ángeles de su hogar o magníficos floreros.

A mediados del siglo XIX el filósofo francés Charles Pierre Baudelaire afirmaba que *"En toda mujer de letras hay un hombre fracasado"* y Nietzsche que *"Cuando una mujer tiene inclinaciones doctas, de ordinario hay algo en su sexualidad que no marcha bien"*. En pleno siglo XX Freud declaró que *"Las niñas sufren toda la vida el trauma de la envidia del pene tras descubrir que están anatómicamente incompletas"*; Carl G. Jung que *"Al seguir una vocación masculina, estudiar y trabajar como un hombre, la mujer hace algo que no le corresponde del todo con su naturaleza femenina, sino que es perjudicial"* y Ortega y Gasset que *"El fuerte de la mujer no es saber sino sentir. Saber las cosas es tener conceptos y definiciones, y esto es obra del varón"*.

Toda una literatura y pensamiento filosófico misógino se condensa en este maravilloso retrato que esconde el mensaje de Schopenhauer, quien subrayó que *"Solo el aspecto de la mujer revela que no está destinada ni a los grandes trabajos de la inteligencia ni a los grandes trabajos materiales"*. Así, el aspecto de las mujeres continúa hasta hoy potenciando su feminidad que, en demasiados casos, equivale a ocultar su intelectualidad.

PATERNIDAD RESPONSABLE EN LA OBRA DE MARGARITA SIKORSKAIA.

Margarita Sikorskaia "Listening". 2007

La batalla por ampliar los permisos de paternidad es otra de las luchas feministas que parece importar poco a los hombres, cuando se trata de un beneficio que redunda en su calidad de vida y en el disfrute de los hijas e hijas y vida familiar. Según datos del Ministerio de Trabajo de España, el número de prestaciones por paternidad gestionadas en 2018 por la Seguridad Social ascendió a 255.531, un 3,4% menos que en 2017, con un coste superior a los 448 millones de euros. Es decir, cada vez son menos los padres que se acogen a este derecho.

El permiso de paternidad se aprobó en 2007 a través de La Ley Orgánica 3/2007, de 22 de marzo, para la Igualdad Efectiva de hombres y mujeres, y se realizó como medida de apoyo a la conciliación de la vida personal, familiar y laboral. Era de 13 días de duración, ampliable en caso de parto múltiple en 2 días más por cada hijo/a a partir del segundo, siendo extensible además, para los casos de adopción o acogimiento. En 2015 se amplió a 20 días, aunque no se hizo efectivo hasta enero de 2016. Un año después, en 2017, se fijó en 4 semanas; desde el 1 de abril de 2019, a 8 semanas y, en la actualidad, desde el 1 de enero de 2020, a 12 semanas. Sin embargo, y pese a los esfuerzos institucionales, la paternidad sigue sin ser entendida como la obligatoriedad de que el ejercicio de la misma se realice en corresponsabilidad. Y es que, culturalmente, se ejerce a partir del nacimiento de la hija o el hijo, cuando debiera ocurrir desde el inicio de la gestación.

El disfrute de la vida, la felicidad, el amor y la paz que producen la maternidad y la paternidad, especialmente cuando es compartida, se engrandecen en la obra de Margarita Sikorskaia, pintora rusa asentada actualmente en Estados Unidos y cuya obra "Listening" es buen ejemplo de ello.

Margarita nació en 1968 en San Petersburgo y estudió en el Departamento de Artes y Gráficas de la Universidad Pedagógica Hertzen, dónde lógicamente le influyeron las obras de maestros y artistas del realismo socialista. La crítica actual ve en su obra influencias del estilo de Fernando Botero (por la volumetría de sus figuras), pero lo afirman obviando su cuna y formación.

Entre los años 1930 y 1950 en la Unión Soviética se estableció un régimen totalitario que utilizó el arte como propaganda del mismo, con el propósito de educar e ideologizar a las masas en el espíritu del socialismo. Se pretendía dar una imagen de un estado unitario, justo, igualitario y próspero en el que, gracias al triunfo del socialismo, la ciudadanía era feliz y rebosaba entusiasmo. Por supuesto los artistas, hicieron eco de ello en sus obras. Alexander Gerasimov, Vasily Efanov, Alexander Deineka y Alexander Samojválov gozaron de éxito y prestigio. Se potenció un arte realista que, con figuras solemnes y majestuosas, reflejasen desfiles, visitas, imágenes de líderes, sabios, pero amigos del pueblo. Escenas del auge industrial, de los beneficios de la colectividad, de las glorias campesinas, de la importancia de cada individuo, independientemente de su sexo, en la construcción de un país revolucionario. Espíritus fuertes con contornos visibles protagonizaron las artes plásticas.

Llevado al terreno familiar, Margarita Sikorskaia, trasladó esta ideología a su obra que, tempranamente, triunfó en Estados Unidos, país dónde se trasladó a vivir teniendo 22 años, en 1990, y dónde actualmente reside, trabaja y triunfa como artista. En el 2000 fue seleccionada para participar en la Bienal de Minnesota y tras ella ha expuesto colectiva e individualmente en Nueva Orleans, Minneapolis y Moorhead, entre otras.

La obra de Margarita huele a amor, los curvados cuerpos, abrazados, dando afecto, mimos, ternura, con colores intensos bajo un cielo luminoso inspiran instinto y amparo. Parejas, maternidades, escenas domésticas cotidianas, mujeres empoderadas amamantando y protegiendo a sus hijos, hombres rudos que muestran su sensibilidad y ternura son los y las protagonistas de su obra. Pese a la grandilocuencia son imágenes enternecedoras, que emocionan, irradiando felicidad y pasión por la vida.

En "Listening" (escuchando), descubrimos al hombre que hemos querido tener cerca en el momento del embarazo, cuando nuestros cuerpos cambian y nuestras emociones afloran, cuando aparecen las estrías, se hinchan las piernas, cuando nuestro bebe patalea y precisa de las cálidas manos que le calmen. Hombre y mujer son en la obra de Sikorskaia iguales, complementarios, corresponsables y amantes. No hay ninguna carga erótica, ni sexual, ni discriminatoria, tan solo afectividad y emotividad que complacen a quien disfruta de la escena.

En la cultura patriarcal que vivimos la imagen puede parece utópica, pero no por ello irreal o inalcanzable. No ha de considerarse un mito o un sueño sino la asignatura pendiente de los hombres y los padres por tener la oportunidad de expresar sus sentimientos y emociones, hasta la fecha y a la vista de los datos, irrealizables.

Con serenidad, madurez, armonía y unión, la pareja de esta obra abraza el futuro en la igualdad que necesita el hijo o la hija que vendrá. Un futuro que le evitará la violencia y le garantizará la libertad.

VANESSA BELL Y VIRGINIA WOOLF: LAS EXTRAORDINARIAS HERMANAS STEPHEN.

Vanessa Bell "Autorretrato". Óleo sobre lienzo.
45x37 cm. 1958

Más conocidas como Vanessa Bell y Virginia Woolf, ambas fueron hermanas e hijas de Leslie Stephen y Julia Prinsep pero, por la costumbre anglosajona de adoptar el apellido del marido con el matrimonio, la historia oscurece el vínculo entre la genial pintora que fue Vanessa y la ilustre escritora que fue Virginia. Otro lastre del machismo.

Leslie y Julia se casaron habiendo los dos enviudado, así él aportaba una hija al matrimonio (Laura) y ella 3 hijos (George, Stella y Gerald). Él, novelista, historiador, biógrafo y montañero; ella, de famosa belleza, modelo de los prerrafaelistas. El matrimonio, en su relación, tuvieron dos hijas y dos hijos: Vanessa, Thoby, Virginia y Adrian. Laura, la hija de Leslie, padecía graves problemas mentales y convivió con la familia hasta que en 1891 tuvo que ser ingresada en un hospital psiquiátrico, ella tenía 21 años, Vanessa 12 años y Virginia 9 años. La enfermedad de su hermanastra las marcó para siempre a ambas.

En 1879 nació Vanessa; en 1882, Virginia, ambas en el número 22 de Hyde Park Gate, en Kensington, Londres, y educadas por su padre y su madre en un ambiente literario lleno de buenas relaciones. No fueron a la escuela pero recibían clases particulares en su casa. Los periodos de vacaciones la familia los pasaba en Cornualles, sus playas, su faro, sus aguas y su luz influyeron en la vida y obra de las hermanas. Vanessa pintaba sus paisajes, Virginia se inspiraba en esas tierras. Desde su casa "Thailand House" veían el faro de Godrevy que, en Vanessa, sirvió de marco para muchos paisajes impresionistas en los que jugaba con la luz y el color y en Virginia para escribir "El faro". Las hermanas mantenían una estrecha y enriquecedora relación y, las circunstancias de sufrir ambas abusos sexuales por parte sus hermanos, el repentino fallecimiento de su madre cuándo la mayor contaba con 16 años, y la pequeña con 13, la de su hermanastra Stella dos años después, y el de su padre, teniéndo 26 y 23 años respectivamente, las unió más convirtiendo a Vanessa en la cuidadora y responsable del hogar.

Las circunstancias límites que vivieron las convirtieron en mujeres peculiares, fuertes, marcadas por una infancia tormentosa que en el futuro provocó en Virginia un comportamiento bipolar y a Vanessa en una mujer sexual y sentimentalmente libre, sin compromisos, antecesora del movimiento queer. Virgina en su famosa "Señora Donoway", describía a su hermana con una jarra dorada repleta de agua, de la que, sin embargo, nunca se derramaba una gota. Era y fue siempre su hermana mayor, la que la mimaba y cuidaba y, aunque eclipsada por su fama, su más ferviente admiradora.

En 1905, tras el fallecimiento de su padre, ambas hermanas vendieron la casa dónde vivían en Hyde Park y compraron una en el número 46 de Gordon Square en Bloomsburry, convirtiendo la misma en centro de reuniones y tertulias donde acudía la intelectualidad londinense. A las citas, además de ellas, acudían Clive Bell (crítico de arte), E. M. Forster (escritor de ficción), Roger Fry (crítico y pintor), Duncan Grant (pintor), John Maynard Keynes (economista), Desmond MacCarthy (crítico literario). Lytton Strachey (biógrafo) y Leonard Woolf (ensayista y escritor), entre otros. El conocido como "Círculo de Bloomsbury", era pues un grupo heterogéneo que compartía un desprecio por la religión, la moral victoriana y el realismo, su ideología liberal y humanista defendía filosóficamente la importancia de las relaciones personales y la vida privada; socialmente, el rechazo hacia los hábitos burgueses y la búsqueda del placer personal; políticamente, mantenían posiciones izquierdistas y feministas; artísticamente defendían la forma significante, el postimpresionismo.

Consecuencia de ese pensamiento fue la conocida broma conocida como "El engaño del Dreadnought" y que consistió en que en febrero de 1910 varios miembros del Círculo, incluída Virginia, se disfrazaron, maquillaron y travistieron haciéndose pasar por una familia real abisinia que exigía ser recibida con toda la pompa necesaria por la armada real británica. El engaño, además de causar efecto, captó la atención de la prensa de la época y puso de relieve la existencia de un círculo de intelectuales creado por dos hermanas, Vanessa y Virginia, las hermanas Stephen.

En 1907 Vanessa contrajo matrimonio con Clive Bell, crítico de arte; en 1912, Virginia con el escritor Leonard Woolf. En ninguna de las relaciones hubo exclusividad, fueron parejas abiertas y también bisexuales.

Profesionalmente Vanessa fue una de las introductoras del impresionismo en Inglaterra y uno de los mayores exponentes de toda Europa. Se trató de una de las retratistas más influyentes del Siglo XX, además de una de las primeras experimentadoras de la fotografía y diseñadora de las portadas originales de los libros de su hermana Virginia. Falleció en 1961 a consecuencia de un ataque al corazón y ha quedado durante años olvidada y eclipsada por el brillo de su hermana Virginia. Sin embargo su obra se empezó a valorar y redescubrir organizando una retrospectiva de la misma en 2017 en la Dulwich Picture Gallery de Londres.

Virginia se había suicidado 20 años antes víctima de continuas depresiones y crisis nerviosas. Su hipersensibilidad ha dado a la narrativa y la filosofía obras cumbres del pensamiento feminista "Orlando: una biografía" (1928), "Las olas" (1931) "La casa encantada" o "Una habitación propia" (1927) exponen con sencillez la dificultosa existencia de las mujeres. "Una habitación propia" es un auténtico estandarte del movimiento feminista, ya que en él se relatan las dificultades de las mujeres para poder dedicarse al mundo de la escritura en un mundo dominado por los hombres. Entre sus frases célebres destacan:

"No hay barrera, cerradura ni cerrojo que puedas imponer a la libertad de mi mente"

"La vida es sueño; el despertar es lo que nos mata"

"Como mujer no tengo patria, como mujer no quiero patria. Como mujer, mi patria es el mundo"

"Amar nos separa de los demás"

"Y de nuevo volvió a sentirse sola ante la presencia de su eterna antagonista: la vida"

"Madurar es perder algunas ilusiones para empezar a tener otras"

"A través del sufrimiento se alcanza el conocimiento"

"¿Por qué las mujeres... son mucho más interesantes para los hombres que los hombres para las mujeres?"

"Es mucho más difícil asesinar a un fantasma que una realidad"

*"Durante la mayor parte de la historia,
'Anónimo' era una mujer"*

La obra de Virginia Woolf, sin duda es un referente para todas nosotras; la de Vanessa Bell una producción pictórica injustamente invisibilizada; la de ambas, además de un vínculo, la creación de un grupo intelectual, renovador y regenerador como fue el Círculo de Bloomsbury. Dos mujeres excepcionales, hermanas, amantes, artistas admiradas y portentosas en lo personal e intelectual.

LENA KRASNER, LA MUJER ECLIPSADA POR JACKSON POLLOCK.

Lena Krasner "Noon". Óleo sobre lienzo. 1947

En la ácida ironía que las caracterizó, en 1989, las *Guerrilla Girls* afirmaban que la mujer artista tenía muchas ventajas respecto al hombre. En primer lugar se podían permitir el lujo de trabajar sin la presión del éxito; en segundo, tenían la oportunidad de elegir entre su carrera y su maternidad; en tercero, podían tener la satisfacción de ver sus ideas reflejadas en el trabajo de otros; en cuarto lugar tener la tranquilidad de que hicieran lo que hicieran sería catalogado como arte femenino; en quinto y último, tener la certeza de que el arte producido por mujeres se incluirá en versiones que se revisarán hasta que desaparezcan de la historia del arte. Esta es, y sigue siendo, una realidad que debemos desmontar quienes desde el ámbito artístico pretendemos neutralizar al género y al sexo para hablar de artistas y en este rescate y revisión sin duda debemos poner con mayúsculas la obra de Lena Krasner, quizá la mayor y mejor, representante del expresionismo abstracto pero a la sombra de su marido Jackson Pollock a quien cuidó y calmó en su autodestrucción y alcoholismo renunciando a la visibilidad de su propia obra.

En una conferencia en 1973, en un foro de Arte, la pintora se lamentaba así:

"Es una pena que la liberación de la mujer no haya ocurrido 30 años antes en mi vida. No podía salir corriendo y hacer mi trabajo como mujer artista en un mundo tan sexista como el mundo del arte, no podía continuar con mi pintura y permanecer en el papel en el que estaba como Sra. Pollock."

La frustración de Lena hubiera sido mayor si hubiera sabido que 30 años después por una obra de su marido se pagarían 140 millones de $, el precio más alto pagado por una pintura hasta entonces, mientras a ella se la seguía conociendo como la Sra. Pollock sin tener en cuenta su trabajo.

Lena Krasner era la sexta hija de un matrimonio judío procedente de Rusia y asentado en Estados Unidos. Fue la única descendiente que nació en el continente americano, en 1908, en Brooklyn, Nueva York. Lena siempre quiso ser artista y, pese a que su familia no la apoyó demasiado, estudió en la escuela de Hans Hofmann quien describió su obra así: «*Es una obra tan buena que nadie sabría que fue realizada por una mujer*». Las palabras de su maestro le indujeron a cambiar su nombre de pila "Lena", por el ambiguo de "Lee", con el que se la conoció en el terreno artístico, consagrándose como una de las primeras y más innovadoras figuras del expresionismo abstracto, comenzando en 1940 a exponer junto a otros pintores y potenciando el movimiento. En ese círculo profesional y en esos años conoció, en México, a Jackson Pollock con quien se casó en 1945.

Pollock, de ascendencia irlandesa, procedía de una familia de granjeros. Nació en 1912 en Cody, en el estado de Wyoming. Por el trabajo de su padre, que era agrimensor, vivió en diferentes estados del país. Con inclinaciones artísticas se inscribió en la Preparatoria de Artes Manuales de Los Ángeles en los años 30 de donde fue expulsado, de modo que siguió acompañando a su padre en el trabajo y se dedicó a explorar la cultura de los pueblos nativos de Estados Unidos hasta que se mudó a Nueva York. Allí estudió junto a su hermano y trató de lidiar con su problema de alcoholismo sometiéndose a psicoterapia junguiana entre 1938 y 1941 (tan solo tenía 26 años) con el Dr. Joseph L. Henderson quien lo alentó a hacer dibujos y enganchó a la pintura. Los conceptos y arquetipos junguianos quedaron expresados en sus pinturas y, recientemente, algunos historiadores han apuntado hacia el padecimiento por parte del pintor de un trastorno bipolar.

Cuando se casaron Lena tenía 4 años más que Jackson y, gracias a un préstamo, pudieron comprar una casa con un granero de madera en el número 830 de la calle Springs Fireplace, a las afueras de Nueva York. Pollock convirtió el granero en su estudio, un espacio diáfano y amplio dónde perfeccionó su técnica de pintura de grandes "salpicaduras" con la que triunfó y se sintió plenamente identificado. Lena, en un pequeño habitáculo dentro de la casa, amontonó lienzos, pinceles, afeites y tintes que únicamente le permitían ejecutar Little Images. La "Habitación propia" que pocos años antes había descrito Virginia Woolf redujo las posibilidades de Lena, mientras el amplio granero permitió a su marido la producción de obras de gran envergadura. Dos espacios, dos mundos, uno limitado para ella, otro infinito para él.

La holgura del espacio permitió a Pollock prescindir de materiales tradicionales como el caballete y los pinceles, pudiendo dejar grandes lienzos en el suelo o colgarlos en las paredes dónde experimentar con toda la fuerza de su cuerpo. Caminaba alrededor de sus obras, se adentraba, danzaba, construía y destruía con palas de jardinero, cuchillos, pintura diluida, arena, vidrios rotos o cualquier material que encontraba. Perdía la consciencia dentro de sus pinturas y sentía que cuando perdía contacto con ellas el resultado era un desastre. Pollock, incontrolablemente, vertía su fuerza contra el lienzo arrojando, vertiendo, goteando o salpicando materiales. Lena en su reducido espacio, teniendo que cuidar a su esposo alcohólico, soportar sus subidas y bajadas autodestructivas, gestionar su obra y potenciar y comercializar su arte, vio como su producción paro, limitándose a realizar obras de pequeño formato y algunos collages.

A través de contactos y amigos, Krasner intentó promover la obra de su marido, encontrando en el crítico de arte Greenberg un fuerte apoyo escribiendo favorecedores artículos para el artista. En su idea de dejar de poner títulos a sus obras para dedicarse a numerarlas también halló el apoyo de ella que afirmó: «*Solía darle nombres convencionales a sus pinturas... pero ahora tan solo las numeraba. Los números son neutrales. Hacen que las personas vean a la pintura por lo que es, pintura pura»*. Gracias a su gestión, la obra de Pollock escaló rápidamente, incluso en 1949 la revista *Life* le dedicó un artículo de cuatro páginas en el que se le hizo la pregunta: «*¿Acaso es él el pintor vivo más grande de los Estados Unidos?* ». Tan solo tenía 37 años y se había consagrado en un genio. A Pollock se le amontonaban los encargos de coleccionistas y, no pudiendo hacerles frente, cada vez se refugiaba más en el alcohol y tensaba hasta el extremo la relación con su esposa cayendo en el abismo de la no productividad.

Pollock, también conocido por ser un mujeriego, a principios de 1956 conoció a Ruth Kligman, una voluptuosa ex modelo de 26 años que se convirtió en su amante. Lena Krasner, al enterarse de la relación marchó de viaje a Europa y Ruth se instaló en la casa de la pareja animando a su amante a pintar pero este sin querer hacerlo. En agosto de ese mismo año, conduciendo bajo los efectos del alcohol y portando en su auto a Ruth y a otra amiga, en un accidente Pollock murió y Ruth, que sobrevivió, fue apodada por el poeta Frank O´Hara como "la chica del coche de la muerte". Según ella antes del accidente realizó su última obra *"Red, Black & Silver "*de cuya autoría aún se duda.

Lena Krasner, pese a la mala reputación que había conseguido su esposo, se encargó de sus asuntos y de que se mantuviera vigente su obra pese a las tendencias cambiantes del arte. A la relación que tuvo con Kligman la etiquetó como «*My Five Fucks with Jackson Pollock, ¡porque eso es todo!*» y tras enterrar a su esposo liberó la rabia contenida, sacó su material de trabajo de la pequeña habitación, lo colocó en el granero junto a su talento y comenzó a realizar series de gran formato. Tenía 48 años cuando recuperó las riendas de su vida.

Lena se había formado en el post-impresionismo y en el cubismo con los que experimentó hasta el impresionismo abstracto, sin embargo, las circunstancias personales la condujeron a un estilo menos severo y más sensual centrado sobre todo en la vida y la muerte. Empoderada de nuevo, su paleta se llenó de líneas feroces y colores oscuros creando las series *"Earth Green"* y *"Umber"*, la primera con imágenes extravagantes que invitan al nacimiento, la destrucción y la regeneración; la segunda (coincidente con un aneurisma cerebral que sufrió) con imágenes más oscuras y meditadas que forman cuerpos que parecen hincharse y que contienen los colores de la tierra. Muchos críticos vieron en su obra una especie de continuidad con la de su esposo fallecido, como si pretendiese resucitar sus lienzos, sin embargo lo que buscaba era desprenderse de él y recuperar su estilo que, durante demasiado tiempo había estado sepultado. Las diagonales que se cruzan, los arcos en diferentes direcciones, las formas crudas eran ajenas a la obra de Pollock y totalmente personales de Krasner, sin embargo y aunque fallecido, su sombra seguía eclipsándola.

Cuando su obra se consolidaba, en 1962, sufrió un ictus que la asumió en un cuadro de inestabilidad crónica a consecuencia de la que sufrió una caída que le provocó una fractura en la muñeca. Tras recuperarse, en 1965, expuso con éxito en la Galería Whitechapel de Londres y en 1973 en el Museo Whitney de Nueva York y en cuya exposición demostró haber cambiado radicalmente su estilo optando por una pintura plana, geométrica y de colores puros.

La sabiduría en la comercialización, proyección, potenciación e inclusión en el mercado del arte, Krasner también la aplicó a sí misma realizando exposiciones individuales a través de las que consiguió desvincularse de la de su esposo y ser reconocida con nombre propio. Además de en su obra, Lena trabajo en la creación de la Fundación Pollock-Krasner para la promoción y difusión de jóvenes artistas y que, tras años de esfuerzo, consiguió establecerse en 1985, un año después de su muerte.

Lena Krasner es una de las pocas mujeres expresionistas abstractas que estando viva pudo estar presente en una exposición retrospectiva de su obra en el MoMA y una de las muchas que termino su carrera profesional al casarse, no pudiéndola recuperar hasta enterrar a su esposo.

Falleció en 1984, a los 75 años. Sus restos descansan en el Cementerio de Green River en Springs junto a los de Pollock. Los de él bajo una gran lápida, a semejanza de su granero; los de ella en una pequeña, como su habitación propia. Dos mundos y dos espacios que el machismo ha jerarquizado los géneros hasta en la muerte.

IMAGINERÍA BARROCA EN FEMENINO: LUISA ROLDÁN, LA ROLDANA DE SEVILLA.

Luisa Roldán "Nuestra Señora de la Soledad". 1688. Puerto Real.

En toda Europa, incluida España, la situación de las mujeres hasta hace bien poco era de total dependencia frente al varón, podían ser casadas, viudas, vírgenes consagradas, doncellas o prostitutas pero siempre actuaban según su lugar en el mundo, de forma viciosa o virtuosa y siempre teniendo al hombre como destino.

Difícil es por lo tanto encontrar en ese panorama una mujer que lograse desempeñar un rol diferente al asignado y, más difícil aún que lo hiciese con su propio nombre, sin un pseudónimo, aunque la misma historia se encargara de robárselo u ocultarlo. En el ámbito artístico, concretamente en escultura, pese a que ello le aportó alguna fama y mucha pobreza, hallamos, en el S. XVII, a la apodada Roldana de Sevilla, la primera escultora española registrada y creadora de magníficas imágenes religiosas para procesionar.

La Roldana fue durante los reinados de Carlos II y de Felipe V escultora de Cámara y firmó sus obras añadiendo el título, la Roldana recibió encargos de las máximas instituciones religiosas andaluzas. A la Roldana la casa real le asignó un salario anual de cien ducados que nunca le pagaron; a la Roldana el clero le pagaba con misas cantadas con responso por su alma. La Roldana falleció a los 54 años, sin haber cesado de trabajar y habiendo hecho, días antes, una declaración de pobreza.

Luisa Ignacia Roldán Villavicencio nació en Sevilla en 1652 siendo la quinta de los doce descendientes del matrimonio formado por el afamado escultor Pedro Roldán y Teresa de Jesús Mena Ortega y Villavicencio. Desde muy joven ayudó en el taller de su padre por lo que pronto aprendió el oficio colaborando en la policromía, tallaje y dibujo de esculturas. A los 19 años, y pese a la oposición de su padre, se casó con el también aprendiz de escultor Luis Antonio Navarro de los Arcos quedándose a residir en Sevilla. A los 20 años tuvo a su primera hija, dos años después al segundo y así hasta un total de 7 que parió y crió. Pese a ello nunca dejó de esculpir. Luisa Ignacia trabajó la madera y el barro cocido, realizó pequeños grupos de devoción para particulares, belenes de terracota y muchas imágenes "de candelero" o para vestir, siempre dentro de las directrices que exigía el Concilio de Trento para acercar la religión al pueblo, para humanizar el arte.

La obra temprana de Luisa Ignacia, al realizarla en talleres, no estaba firmada, pero las investigaciones le atribuyen en su periodo sevillano una *Virgen de la Regla* que pertenece a la Hermandad del Prendimiento, una *Virgen de la Macarena* de la cofradía del mismo nombre, una *Virgen de la Estrella* en la que lleva el nombre, la Virgen de la Sede en la iglesia del Hospital de los Venerables Sacerdotes, la *Virgen del Carmen*, existente en el convento carmelita de Santa Ana y la *Virgen Peregrina* que se conserva en el museo de las Madres Benedictinas del monasterio de la Santa Cruz de Sahagún.

Siendo madre de 4 niñas y 2 niños, en 1684 la escultora se trasladó con su familia a vivir a Cádiz. Su marido colaboraba en sus creaciones. En la capital gaditana y para su catedral realizó un *Ecce Homo* y los diputados municipales de las fiestas de los Patronos de la ciudad le encargaron la realización de las esculturas de *San Servando y San Germán*. También de su taller son el *Señor de la Humillación* perteneciente a la Cofradía de la Piedad, que se encuentra en la iglesia de Santiago Apóstol, sede de la Hermandad; las imágenes de *San Juan Bautista* y de *San José*, colocadas en un altar barroco de la parroquia de San Antonio, y para la iglesia del monasterio de Nuestra Señora de la Piedad un grupo escultórico representando una *Sagrada Familia*.

A la par que en Cádiz, la Roldana en Jerez de la Frontera trabajó para el Convento de Santo Domingo realizando las imágenes del *Niño Jesús* de la Hermandad del Dulce Nombre de Jesús, para la iglesia de San Lucas un *San José*, y para varias cofradías como la de La Oración en el Huerto y la del Prendimiento diferentes pasos procesionales así como la de de *Nuestra Señora de los Dolores* para la ciudad de San Lúcar de Barrameda.

Cuatro años después, hacia 1688, Luisa Ignacia decidió trasladarse con su familia a Madrid con la intención de trabajar para la Corte y obtener un reconocimiento oficial. Comenzó haciendo encargos para diversos aristócratas que le permitieron a ella y su familia ir viviendo. El 15 de octubre de 1692 La Roldana recibió el nombramiento, por Carlos II, de "Escultora de Cámara", lo que representó su prestigio oficial, pero no el económico como seguramente esperaba.

Los trabajos que efectuaba estaban mal pagados e incluso tenía dificultades para cobrar, pues en aquella época, la situación general del reino era mala por la deficiente administración y la corrupción. Así, en reiteradas ocasiones tuvo que hacer peticiones solicitando la concesión de una habitación en las casas del Tesoro (lugar donde vivían gran parte de los artistas de Cámara del rey cerca del Alcázar), puesto que no tenía ni un lugar donde vivir. No teniendo respuestas dirigió sus demandas a la reina a quien pidió ropa o lo que conviniese darle. Una carta fechada en 1697 de su puño y letra decía: *«por estar pobre y tener hijos, lo paso con grandes estrecheces pues muchos días falta para lo preciso para el sustento de cada día».*

Pese a las calamidades seguía trabajando, de esta época son el *Arcángel San Miguel con el diablo a sus pies*, obra encargada por el rey con destino a la decoración del monasterio de El Escorial y un relieve de la *Virgen de la leche* que se halla en la catedral de Santiago de Compostela, ambas firmadas y con la inscripción de su cargo.

El fallecimiento de Carlos II en 1700 y la llegada del nuevo rey Felipe V no supusieron demasiados cambios en la vida de Luisa Ignacia quien tuvo que solicitar al nuevo monarca que renovase su nombramiento. Presentó al nuevo rey dos obras, un *Entierro de Cristo* y un *Nacimiento* pidiéndole «*casa para vivir y ración para mantenerse ella y sus hijos... pongo en consideración de Vuestra Majestad, que lo que sabe lo ejecuta en piedra, en madera, en barro, en bronce, en plata, y en otra cualquier materia*». En octubre del nuevo rey le concedió otra vez el nombramiento de escultora de Cámara. De esta última época son un *Arcángel San Miguel* en el monasterio de las Descalzas Reales y seis ángeles pasionarios en la Colegiata de San Isidro.

Durante años la obra de La Roldana fue atribuida a su padre Pedro Roldán, a su esposo Luis Antonio Navarro de los Arcos y a otros escultores como Juan Martínez Montañés o Jerónimo Hernández. Hoy gracias a la historiografía feminista se reconoce su nombre como una de las insignes escultoras del barroco español, estando incluso algunas de sus obras expuestas en la Hispanic Society of America en Nueva York.

Además de por su magnífica técnica, que influyó en artistas posteriores como Pedro Duque Cornejo, Cristóbal Ramos o José Montes de Oca, la obra de La Roldana ha de valorarse en las dificultades que las mujeres tuvieron para acceder al mercado laboral donde ella tuvo acceso en instituciones patriarcales como la eclesiástica y la monárquica.

Sus obras, cargadas de dramatismo por un lado y de intimismo y serenidad por otro recorren muchas calles andaluzas debiéndonos recordar entre otras cosas que la escultura tiene nombre de mujer y la pobreza está feminizada, puesto que ella y tras toda una vida de trabajo, partos y crianzas falleció declarándose en absoluta indigencia.

EL ESPACIO CONFINADO: MUJERES EN EL BALCÓN.

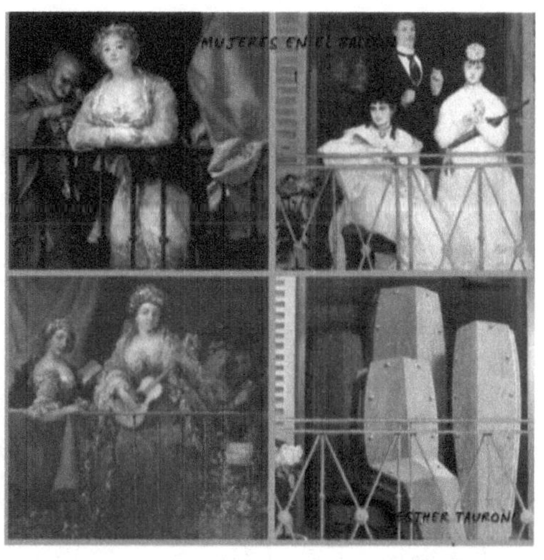

Afirmó Sigmund Freud que algunas veces soñamos resbalar a lo largo de las fachadas de las casas, que las de muros lisos representan hombres y que las que contienen salientes y balcones simbolizan mujeres a las que poder agarrarse. Dejando a un lado los sueños, lo cierto es que los balcones y sus balaustradas son espacios donde lo femenino se ha visto durante siglos sometido por razón de género. Desde el Renacimiento comenzó a pintarse el tema de las mujeres en el balcón o asomadas a una ventana, una composición que se ha repetido a lo largo del tiempo y de la historia del arte, variando según artistas pero manteniéndose en su forma. Otra excusa para representar a las mujeres, otra forma de estereotiparlas y cosificarlas. Balcones y ventanas han permitido a los espectadores acceder a las vidas privadas de las mujeres que, oprimidas tras balaustradas, barandillas, rejas o puertecillas quedaban imposibilitadas para acceder al espacio público.

Entre 1808 y 1812 Francisco de Goya pintó Maja y Celestina en el balcón, obra que pertenece a una colección particular. En la obra aparecen dos mujeres, una anciana, perversa, alcahueta; otra joven, lozana, prostituta. Dos edades, dos mundos, dos estereotipos de mujeres. La anciana en la penumbra, encorvada, cuchicheando; la joven exhibiendo su escote y busto prominente apoyada sobre sus brazos cruzados y sonriendo provocando a quien la mira.

El tema también inspiró a Eugenio Lucas Velázquez quien, en 1862, pinto las Majas en la ventana y que se expone en el Museo del Prado. También, y tras una barandilla de hierro dos mujeres se exhiben. Una toca una guitarra, la otra canta y al fondo, otras tantas murmuran. Cuerpos rollizos, seductores y jóvenes de busconas atrapadas en un balcón.

El francés Eduard Manet en 1869 pintó El balcón que hoy se encuentra en el Museo d'Orsay en Paris y, siguiendo el mismo esquema iconográfico representó tras la baranda a Berthe Morisot sentada y a Fanny Claus de pie, dos mujeres intelectuales cercadas también.

Fanny era una de las artistas favoritas de Manet. Tenía 23 años cuando la representó y ya era una violinista de Concierto miembro del primer cuarteto de cuerdas de mujeres y se casó ese mismo año con el también pintor impresionista y amigo del autor de la obra, Pierre Prins. A consecuencia de una tuberculosis falleció siete años después, con tan solo 30 años. Berthe tenía 28 años cuando fue retratada, era una de las pocas mujeres pintoras de la época y, pese a que actualmente se está revalorizando su obra en aquellos momentos era considerada una artista de segunda categoría, simple y llanamente por ser mujer. Un año antes, en una carta a Henri Fantin-Latour, Manet escribía:

« Las señoritas Morisot son encantadoras, es una pena que no sean hombres, sin embargo como mujeres podrían defender la causa de la pintura casándose cada una con un académico y sembrando así la discordia en el campo de esos anticuados, aunque sería pedirles un sacrificio demasiado grande.»

Ni Fanny ni Berthe están representadas como las artistas que fueron, no hay atisbo de sus habilidades. El violín que pudiera lucir una o los pinceles la otra están substituidos por un paraguas y un abanico, seguramente por ser más apropiados para mujeres, Sin embargo, aunque con menos talento y reconocimiento, de pié y empoderado, custodia a las artistas en el balcón Antoine Guillemet un pintor impresionista hoy olvidado.

Inspirándose en la obra del pintor francés, el representante del realismo mágico René Magritte pintó en 1950 "Perspectiva II: El balcón de Manet", obra que se expone en el Museo de Bellas Artes de Gante, en Bruselas. Magritte copió la barandilla de Manet, a las flores muertas del cuadro del impresionista les dio vida con unas hortensias y a los personajes los metamorfoseó en ataúdes posiblemente aludiendo a la muerte intrínseca de los personajes, a la muerte en vida que padece quien languidece tras un balcón, a la contemplación insípida del mundo que se ve y no se puede sentir.

Aunque tengan ventanales enormes, o sean amplios y espaciosos, los balcones permiten ver posibilidades, aunque ni sentirlas ni tocarlas. Puedes precipitarte o caer desde uno, pero nunca acariciar la vida. Los balcones y ventanas han sido durante siglos los lugares de la casa donde las mujeres han observado, atrincheradas y paralizadas, sus esperanzas, donde se tornaba cotidiana la pasividad, donde el aire y la luz penetraba en el alma inmovilizando los cuerpos, donde los sonidos y aromas de la calle obligaban a guarecerse, donde las vidas se encerraban en la privacidad impuesta.

La vida pública empezaba en los balcones y la privada terminaba en ellos. Allí las figuras femeninas, que los decoraban cual macetas, hablaban de novios, de casamientos, de amores y desamores. Allí reían, zurcían, apostaban y apañaban. Allí pasaban los días mientras la vida se les iba.

Las rameras se lucían, las solteras esperaban pretendientes y cartas, las casadas cosían, las viejas cuchicheaban, las niñas imitaban y todas tenían en común estar encerradas, constreñidas, limitadas.

El espacio limitado del balcón convirtió a las mujeres en chismosas, cotillas y alcahuetas, a sus conversaciones, intercambio de opiniones y experiencias en rumores y baratijas, a sus especulaciones o pronósticos en malos presagios, a sus reuniones en marujeos. Esa zona confinada unida a la inseguridad social propició un espacio cultural desprestigiado por el patriarcado y cuyas pautas, normas y reglas establecidas se asumieron a roles despreciados creando leyendas malsanas como la de la celestina, la vieja y el visillo o la Sallana que no son sino ejemplos perversos construidos para debilitarnos a las mujeres.

EL DUELO FAMILIAR ANTE LA VIOLACIÓN O EL RAPTO: PROSERPINA Y LAS ESTACIONES DEL AÑO.

Ulpiano Checa *"El rapto de Proserpina"*. Tinta china, aguada, plumilla y gouache sobre papel, 59 x 44,2 cm

Conocida en la antigua Grecia como Perséfone y en Roma como Proserpina, de su historia arranca el mito de la primavera renaciente y del invierno inerte. La leyenda la encontramos en el libro IV de "Las Geórgicas" de Virgilio, ampliamente relatado en el S. IV por Claudiano en "De raptu Proserpinae" y mencionado por Ovidio en el libro V de "Las metamorfosis":

"En la cual floresta, mientras Prosérpina
juega y violas o cándidos lirios corta,
y mientras con afán de niña canastos y su
seno
llena y a sus iguales lucha por superar
recogiendo,
casi a la vez que vista fue, amada y raptada
por Dis,
hasta tal punto fue presuroso el amor. La
diosa, aterrada, con afligida
boca a su madre y a sus acompañantes,
pero a su madre más veces,
clama, y como desde su superior orilla el
vestido había desgarrado,
las colectadas flores de su túnica aflojada
cayeron,
y -tanta simplicidad a sus pueriles años
acompañaba-
esta pérdida también movió su virginal
dolor.

Su raptor lleva los carros y por su nombre a cada uno llamando
exhorta a sus caballos, de los cuales, por su cuello y crines
sacude de oscura herrumbre teñidas las riendas,
y por los lagos altos, y por los pantanos que huelen a azufre
vase de los Palicos, hirvientes en la rota tierra,
y por donde los baquíadas, la raza nacida en Corinto, la de dos mares,
entre desiguales puertos pusieron sus murallas. "

Según el mito, Proserpina era hija de Ceres y Júpiter y resaltaba en ella su encanto. Venus, diosa del amor y madre de Cupido, envió a su hijo para que encendiera el amor en Plutón, el solitario dios del inframundo, lanzándole una flecha. Al acertar, Plutón embriagado por la pasión salió del volcán Etna con cuatro caballos negros y, viendo a Proserpina bañándose y jugando en el lago Pergusa con unas ninfas a la par que recogiendo flores, sin parpadear la raptó llevándosela al inframundo para forzarla, violarla y esposarla.

Su madre Ceres (diosa de la tierra) desconsolada, marcho en su búsqueda por todos los lugares de la tierra. En su desesperación, al no encontrarla, detuvo el crecimiento de frutas y verduras, rehusando volver al Olimpo y convirtiendo en desierto la tierra que pisaba. Ante la situación, Júpiter mandó a Mercurio para que ordenara a Plutón la liberación de Proserpina. Plutón le obligo a comer seis semillas de granada (símbolo de la fidelidad matrimonial) y después le permitió marchar con su madre seis meses al año. Cuando Ceres se encontró con su hija volvieron a salir frutos de la tierra, empezaba la primavera, seis meses después, cuándo obligada volvía al Hades con Plutón, la naturaleza perdía sus colores y comenzaba el otoño. Pese a las continuas violaciones de Plutón, Proserpina jamás quedó embarazada.

La leyenda de Proserpina no solo trata del acto del secuestro, también de la afectación a la familia, la desesperación y muerte, el aislamiento y el retorno a revivir la agresión. Cuando una mujer sufre una agresión o violación, al principio sufre una fase tan traumática que llega a despersonalizarse, la realidad duele tanto que, para protegerse, habla de su cuerpo en tercera persona. Puede incluso no recordar. A continuación empieza a tomar conciencia de lo sucedido, a sentir dolor físico y emocional, incluso a pensar en los daños irreversibles que se hayan podido producir en sus órganos reproductores, incluso en el posible embarazo y enfermedades de transmisión sexual. Las preguntas y el proceso posterior la revictimizan, reviviendo lo sucedido hasta el último detalle, permaneciendo en un estado de alerta o ansiedad continuo, evitando situaciones o lugares asociadas a la violación que sufrió. En el caso de Proserpina la crueldad es tan inmensa que Plutón la obliga a pasar 6 meses al año no solo recordando, sino viviendo y conviviendo con él en el inframundo. Metafóricamente, igual que ella sufre el aislamiento y la muerte emocional, muere la naturaleza terrenal. El inframundo donde le conduce Plutón es la muerte de las emociones y los sentidos.

En estas situaciones la reacción del núcleo familiar es fundamental pudiendo llevar a la descomposición de la misma culpabilizando a la misma o a la familia misma. En el caso de este mito el apoyo de su madre Ceres, así como la reacción de Júpiter y Mercurio al comprobar las consecuencias, provocan que acudan a su liberación. La situación de su hija Ceres la manifiesta siendo incapaz de fecundar la tierra, falleciendo el tiempo del cautiverio y floreciendo en su liberación. El sufrimiento de Proserpina es la muerte de su madre; su libertad, la inmensa felicidad.

El mito de éste rapto ha sido representado por muchos artistas, interpretándolo cada uno en su estilo y visión particular. Alberto Durero, Niccolo dell´Abate, Joseph Heintz, Rubens, Rembrandt, Brueghel y Luca Giordano son algunos de ellos, sin embargo el del pintor español Ulpiano Checa es uno de los más conmovedores.

Nacido en Colmenar de la Oreja, Madrid, en 1888, en tinta china, aguada, plumilla y gouache sobre papel, Ulpiano Checa realizó el "Rapto" que presentó en un mediano formato (59x 44,2) al Salón de los Campos Eliseos de Paris. Su pintura entremezcla estilos claves de la época que vivió (orientalismo, impresionismo y romanticismo), sin embargo la interpretación que realiza de la leyenda avanza un expresionismo inquietante por su dinamismo y dramatismo sobrecogedor. Siguiendo las directrices de Gericault en el dibujo de los caballos en movimiento, Ulpiano Checa se anticipa a las imágenes que la cinematografía del siglo XX que hará películas como "Quo Vadis" o "Ben-Hur", donde en el circo los aurigas dando vueltas a la spina competían con sus cuadrigas. Ulpiano Checa nos propone a Plutón como postillón en la carrera que, en un ligero carro de dos ruedas tirado por cuatro corceles negros, porta en sus brazos a Proserpina desmayada. Ellos dos son los únicos protagonistas humanos del cuadro, contrastando la figura blanca de Proserpina con la negra de Plutón. El paisaje es tenebroso y grises, blancos y negros nos sumergen en una neblina aterradora que anuncia el final del rapto. Implacable Plutón atiza con su látigo a los corceles para que aceleren el galope de forma que parecen abandonar el cuadro y abalanzarse sobre el espectador. De nuevo, la soberbia, crueldad y superioridad de Plutón se manifiestan como mecanismos de poder frente a la desvalida joven. El cuadro se encuentra en el museo que lleva su nombre en su ciudad natal.

Hasta bien entrada la edad contemporánea el rapto de mujeres ha sido una constante a lo largo de toda la historia, en primer lugar por ser considerada objeto sexual, reproductor y por tanto supervivencia de la tribu; en segundo lugar por carecer de individualidad y ser una propiedad. La asociación entre secuestro, rapto y violación se encuentra desde la Antigüedad, pero no entendida como una agresión sexual sino como el robo de un cuerpo que es propiedad de un hombre, es más se ha concebido como un acto engrandecedor y heroico para el macho superior que ejerce el poder sobre la inferior, sumisa y esclava mujer. El rapto es la antesala de la violación, aunque sin serlo ya sería una manifestación brutal de violencia sobre la víctima.

El rapto de mujeres ha sido habitual en épocas de colonización, de guerra, pero también para crear alianzas familiares o pactar matrimonios que se producían tras la agresión para encubrirla. La actual costumbre de entrar a la esposa al lecho cargada en brazos es una reminiscencia del rapto, que tenemos tan asumido y normalizado así como conceptos como "la conquista" o "el triunfo", toda una jerga amorosa que debiéramos analizar.

Muchas de las obras de arte que la cultura patriarcal considera como arte erótico o pintura de historia, esconde golpes, traumatismos y desgarros que en una víctima ocasionan el forcejeo a la hora de defenderse ante un ser que utiliza la fuerza y la dominación. Las consecuencias que físicamente puede producir un rapto o una violación son trastornos menstruales, abortos, hemorragias, contagios de transmisión sexual, disfunción, además de emocionales y psicológicas como traumas, estrés, culpa, vergüenza, aislamiento, pensamientos suicidas y suicidios.

La cultura patriarcal ha convertido la agresión en erotismo, el dolor en placer, el asesinato en pasión, la esclavitud en poder, la humillación en romance, la perversión en amor y obras de arte que debieran

exponerse en galerías del terror formando
parte de colecciones pasivas del saber.
Toda una demostración del valor otorgado
a lo femenino.

CUANDO LA MASCULINIZACIÓN EVITA LA VIOLACIÓN: LIBRADA DE PORTUGAL.

Santa Librada "Lámina del Libro de Horas de María de Borgoña". 1477.

La hipersexualización está mal vista, la masculinización peor. ¿Qué podemos hacer las mujeres con nuestros cuerpos para integrarnos en la sociedad? ¿Los mostramos con naturalidad? ¿Los cubrimos como en el pasado? Da igual, hagamos lo que hagamos vamos a ser censuradas por la sociedad. Porque vivimos en una sociedad que nos coarta, nos limita, nos santifica si somos púdicas y nos cosifica si nos lucimos. Hagamos lo que hagamos, de boca en boca vamos.

La sexualización es una lacra que padecemos en exclusiva las mujeres y ocurre cuando se le da valor a una persona sólo si su apariencia o conducta son consideradas «sexys». Cuando esto sucede, se considera a la mujer más como un objeto de satisfacción personal que como un ser humano. Ello conduce a la cosificación, a la despersonalización y al mercantilismo del cuerpo femenino.

Las últimas cifras de la ONU son escalofriantes: 750 millones de mujeres fueron obligadas a casarse antes de los 18 años, 120 millones de niñas han sido obligadas a participar en actos sexuales, se estima que la mitad de los feminicidios en el mundo fueron cometidos por un miembro de la familia o por su pareja. Son solo algunos datos que demuestran que la sociedad ve a las mujeres como un objeto desechable.

Ante tal trato y para introducirse en el ámbito público o evitar ser objeto de abusos sexuales o violaciones a la mujer le ha quedado en la mayoría de las ocasiones la única opción de masculinizarse, tornarse agresiva, violenta, competitiva, e incluso renunciar o minimizar sus atributos sexuales, pasar desapercibida, resultar grotesca para evitar "esa incontrolable y masculina libido violadora" que emite gestos groseros, palabras obscenas, actitudes aberrantes, que intimida, ahoga, desnuda y fuerza. Y es que los hombres en pocas ocasiones son capaces de aceptar a las mujeres como iguales. Pensemos en la cantidad de mujeres que ostentan altos cargos o están en esferas de poder se visten masculinizadas.

Aunque extrema y difícil de creer, pero ejemplificadora, es la leyenda de Librada, cuya vida, probablemente una invención luso-germana que se ha transmitido en la cultura y la historia del arte evolucionando desde el aspecto de la mujer al del hombre y pasando por el andrógino sexual. Una historia que nos ha de hacer pensar, teniendo en cuenta la dramatización, en el dolor y calvario que viven mujeres para ser consideradas iguales y evitar el menosprecio y hasta el abuso sexual.

Librada vivió en el siglo VIII, era hija del rey de Gallaecia y Lusitania y, desde su nacimiento, su padre la prometió al rey moro de Sicilia. Aunque criada en un ambiente pagano, Librada fue acercándose al cristianismo hasta convertirse en cristiana y decidir tomar voto de castidad. Los años iban pasando y la fecha a la boda acercando, Librada oraba y pedía a Dios que la librase de ese suplicio pues no quería contraer matrimonio. Rogó que un milagro la convirtiera en un ser repulsivo pero, posiblemente por miedo y el sufrimiento, ayunaba, vomitaba y se le quebraban las uñas. Todo era consecuencia del desequilibrio hormonal. Perdió peso, le cayó el cabello y le creció vello por todo el cuerpo incluido en la barba. Se convirtió en un ser horrendo de modo que cuando el rey moro la conoció la rechazó y acuso al padre de Librada del engaño. Este humillado la mandó crucificar. Se considera que lo que padeció Librada fue una anorexia nerviosa.

El culto a Librada se extendió por toda Europa aunque con diferentes nombres. Uncumber en Inglaterra; Kümmernis, Kummernis o Wilgefortis en Alemania; Oncommer, Ontcommer, Ontkommer, Ontkommena, Ontcommene en los Países Bajos; Múnia en Barcelona; Vierge Forte en Provenza; Eutropía en Grecia; Liberata en Galicia e Italia; Livrade en Francia y Starosta en Chequia. Sin embargo todas tienen en común su iconografía que es el origen de las representaciones de Jesús vestido y crucificado lo que supone una gran sorpresa en la interpretación del arte, una imagen masculina y poderosa en el hombre a la vez que grotesca y monstruosa como en el de la mujer, que la convierte en la circense mujer barbuda.

La de Librada es una leyenda que podemos trasladar a la realidad y que revierte en esas repugnantes sugerencias que hacen a las mujeres culpabilizándolas de los abusos vividos. Que si esa falda corta, o ese pantalón ceñido, o ese escote provocativo ¿Acaso las mujeres nos tenemos que masculinizar para no ser objetos sexuales? ¿Acaso debemos convertirnos en hermafroditas desapercibidas para amansar a las fieras? ¿Es necesario negar nuestra feminidad para preservar la virginidad?

Toda una serie de estereotipos se han creado en la sociedad patriarcal que vivimos y en la que a las rubias se las ha tildado de tontas, a las gruesas de generosas, a las feas de listas y a las guapas de putas. Unos estereotipos que, además de etiquetarnos y estigmatizarnos, nos han enfrentado entre las mismas mujeres condenándonos las unas a las otras, llenándonos de envidias y competiciones por algo tan estúpido como el culto al cuerpo.

Y para el colmo de los colmos, por si no fuera bastante a Librada lo mismo que las feas se las lleva a los altares como amuletos contra los malos casamientos o como plegaria para deshacer matrimonios no deseados. Precisamente para evitar esas situaciones se invoca a Librada.

Barbuda, crucificada y con un violinista a sus pies es la imagen que por toda Europa ha recibido el culto de las desafortunadas, de las temerosas y conscientes de las debilidades de los cuerpos, de los malos pensamientos, de los actos aberrantes, de los crímenes sexuales. Librada dejando a un lado la leyenda y la perplejidad enlaza con la realidad que las mujeres hoy tenemos que vivir para formar parte de las esferas de poder y de decisión y que pasan obligatoriamente por la masculinización, por el mal casamiento, la renuncia a la maternidad o la ocultación de sensibilidad.

Feminizar el mundo es tarea necesaria. La idea de basar el éxito en el dinero, de avasallar con actitudes depredadoras, ambiciosas, agresivas e individualistas, por el bien de todas y todos, han de terminar. El éxito capitalista y masculinizado es un problema demasiado grave que nos atañe a toda la sociedad y que pervive cada vez más fuerte en el imaginario colectivo.

Definimos a las personas por su profesión y les damos legitimidad social por la misma dejando por tanto a un lado a quienes realizan tareas no productivas aunque si reproductivas manteniéndolas en la invisibilidad. Las mujeres nos vemos obligadas a elegir entre nuestro empleo y nuestro útero, entre triunfar y cuidar.

Las mujeres nos hemos visto obligadas a formar parte de esa idea hegemónica del éxito creado desde el androcentrismo más cruel y que ha generado una sociedad exterminadora que ha infravalorado los roles asociados a lo femenino hasta el punto de considerarlos improductivos.

Podemos seguir renunciando a nuestra feminidad para no ser devoradas por un sistema patriarcal que nos oprime y encorseta, podemos dejar de cuidarnos y amarnos para no caer en las fauces de los leones y podemos permitir ser crucificadas por defender en lo que creemos y defendemos como hizo Librada. Sin embargo también podemos, y debemos, feminizar el éxito, repensar y plantear nuestras vidas priorizando los valores y cuidados, cooperando y valorando con los y las demás, apoyándonos para avanzar hacia una sociedad más justa donde el éxito resida ante todo en la felicidad y en construir una vida que merezca ser vivida con intensidad.

PERVERSIONES NORMALIZADAS: LOT Y SUS HIJAS.

Hendrick Goltzius "Lot y sus hijas". 1616. 140×204 cm. Rijksmuseum , Amsterdam.

Sin nombre, desnudas y perversas, las hijas de Lot forman parte de esa categoría de mujeres brujas, putas o rameras que encarnan el mal y que se oponen a los modelos virtuosos de virginidad y bondad. De nuevo nos encontramos ante la dicotomía femenina de mala-buena mujer.

Sin embargo, lo realmente llamativo de esta historia no es la realidad de la misma (por cierto increíble, como tantas otras), sino como ha servido de "excusa" para que muchos artistas realizasen obras de arte donde se normalizan las relaciones sexuales entre hombres maduros y mujeres jóvenes, con fines reproductivos y que básicamente encierra cuestiones como la potencia sexual masculina independiente de la edad, la femenina estrangulada por diversos límites, el vínculo sexo-reproducción y la justificación del deseo hacia mujeres jóvenes y adolescentes que en realidad son perversiones, pederastia. Invertir los papeles resulta impensable.

Basado en el pasaje bíblico del Génesis 19, 30-38 y en las producciones pictóricas inspiradas en el mismo, desde el feminismo es necesario reflexionar sobre la normalización social que hay entre hombres adultos y mujeres jóvenes así como el estigma que hay a la inversa. También a meditar respecto al mito de la reproducción para invisibilizar y justificar las relaciones y abusos sexuales que, evidentemente, se permite a los del sexo masculino. A las mujeres, sin embargo, durante toda su vida se le cuestionan sus deseos y a negárseles con la llegada de la menopausia y el fin de la reproducción momento en que se les anula la capacidad de tener estos sentimientos y sexo.

La leyenda narra lo siguiente. Disgustado con las prácticas homosexuales que se tenían en la antigua ciudad de Sodoma, Dios reveló a Abraham que destruiría la ciudad por medio de fuego y azufre al considerar que era un pecado grave e irreversible, y que solo Lot y su familia podrían ser salvados. Abraham le rogó que no lo hiciese y Dios le dio la opción de encontrar cincuenta justos en la ciudad, no pudiendo encontrar este ni diez.

Dios envió a la ciudad a dos ángeles a rescatar a Lot, su hermosa apariencia llamó la atención de los habitantes, que acudieron a casa de Lot a sodomizarlos y abusar de ellos. El anciano se negó a dejarlos pasar y les ofreció a sus vírgenes hijas a cambio, para que las violasen y se fuesen. Los hombres no aceptaron e intentaron romper la puerta, pero los ángeles los cegaron dando a Lot la orden de que sacara a su familia de la ciudad, sin mirar atrás. Con su esposa e hijas en la montaña, Edith, la mujer de Lot giró la cabeza y quedó convertida en estatua de sal. Avanzó en el camino el anciano y sus hijas. Él era el único varón, por lo que no había posibilidades de descendencia.

Ante la situación, Lot "por razones de procreación y hospitalidad" ofreció a sus hijas a pueblos vecinos para que, dando igual el modo, las embarazaran, pero las despreciaron y rechazaron. Así pues, comprendiendo que su inevitable destino iba a ser la esterilidad y la soledad, las muchachas decidieron una noche emborrachar a su padre para tener relaciones sexuales y quedar encinta. La misma noche consumieron el acto. Una de ellas concibió a Moab, de quien descendieron los moabitas; la otra a Ben-Ammi, origen de los amonitas.

La historia contienen todo tipo de degeneraciones, máxime teniendo en cuenta que Dios consideró a Lot uno de los pocos hombres justos pese a consumir el incesto, el engaño, ofrecer la violación, encubrir el mito de la procreación, la ocultación del deseo sexual, etc. Sin embargo, y pese al relato, la pintura ha plasmado que la historia está desligada de la misma y, como punto de inflexión se realizan obras en todos los estilos y escuelas dónde lo único evidente es la normalización de relaciones sexuales entre un hombre anciano y unas jóvenes.

Albrecht Aldorfer en 1537, Jan Massys en 1565, Ja Muller en 1600, Franchesco Furini en 1633, Rubens en 1635, Jacob van Loo en 1650 y hasta Gustave Courbet en 1844, entre otros, son pintores que han realizado obras que forman parte de grandes museos y colecciones dónde, siguiendo la misma iconografía han propagado como normales las relaciones sexuales entre personas de diferente sexo en el que el hombre dobla la edad, formando parte esa visión de un colectivo imaginario que asumimos con normalidad. De entre ellas, una de la más perturbadora es la ejecutada en 1616 por Hendrick Goltzius y que hoy se encuentra en el Rijksmuseum de Amsterdam y cuyas medidas son 140×204 cm.

Hendrick Goltzius es considerado el mejor grabador de los Países Bajos del Manierismo nórdico, por su técnica sofisticada y la exuberancia de sus composiciones. De familia humilde, curiosamente, a la edad de 21 años se caso con una mujer viuda de edad avanzada gracias a cuya fortuna logró establecer un taller independiente en Haarlem. Al poco tiempo llegaron las desavenencias y abandonó su país para trasladarse a Italia dónde descubrió a los maestros renacentistas. Influido por las figuras monumentales de Miguel Ángel realizó su versión de "Lot y sus hijas".

La escena tiene lugar en medio de un frondoso y tranquilo paisaje en cuyo centro y con los genitales cubiertos por un lienzo bermejo está el padre, sin ningún signo de ebriedad, complaciente, barbado, calvo, con la piel flácida y tostada que acentúa su edad. A los lados sus hijas, rosadas, tersas, jóvenes, desnudas y sirviendo bebida y comida a su progenitor que la recibe agradecido. La imagen contiene una naturalidad grotesca que tan solo podemos entender si invertimos los papeles y sustituimos, mentalmente, la imagen de Lot por la de una anciana, y la de ellas por las de dos efebos. Los roles y estereotipos los tenemos tan aceptados desde el patriarcado que, siendo una escena grosera tenemos totalmente aceptada.

Las obras de arte como los medios de comunicación actuales han creado imágenes dónde es difícil localizar a mujeres adultas y menos aún asociadas a chicos jóvenes, salvo por supuesto que sean sus hijos, y, aún con eso, jamás las encontraremos desnudas ni con alguna connotación sexual. Sin embargo, obras y medios están plagados de imágenes masculinas fuertes, poderosas, de mayor edad, que presumen de mayor experiencia, capacidad de decisión y poder que se rodean de adolescentes, jovencitas incluso niñas de cuerpos infantilizados sobre quienes que groseramente abusan.

Marcas de coches, anuncios de perfumes, negocios de todo tipo, publicidad de deportes, constituyen en los medios de comunicación capitalistas y consumistas un eco del más abominable y repugnante patriarcado que se ha normalizado a lo largo de la historia encubierto por una falsa seducción y erotismo.

LAS BARRERAS INVISIBLES Y LAS REALISTAS DE MADRID.

Isabel Quintanilla "Roma", 1962. Óleo sobre lienzo. 78 x 90 cm Colección Julio Martínez y Reyes de Molina.

La necesidad patriarcal de someter a la mujer para potenciar al varón satisfaciendo sus necesidades e impidiendo el crecimiento personal y profesional de ellas, pese a los logros conseguidos, continúa siendo una realidad que se traduce en barreras invisibles pero con sólidos cimientos en nuestra sociedad y que prevalecen en la actualidad. Estas barreras aparecen en diferentes periodos de la vida y se traducen en desigualdades laborales que se describen gráficamente en las expresiones "techo de cristal", "suelo pegajoso", "techo de cemento" y »techo de diamante".

El techo de cristal es una barrera invisible, difícil de traspasar, que describe un momento concreto en la carrera profesional de una mujer, en la que, en vez de crecer por su preparación y experiencia, se estanca dentro de una estructura laboral, oficio o sector y que en muchas ocasiones, coincide con la etapa de su vida en la que decide ser madre.

No se trata de un obstáculo legal sino de prejuicios extendidos para confiar en las mujeres puestos de responsabilidad, pagar un salario y otorgar una categoría similar por las mismas funciones al considerar que se conformará con menos, así como sutiles prácticas patriarcales del mundo de los negocios, como el tipo de reuniones, el corporativismo masculino o el amiguismo.

El suelo pegajoso o piso pegajoso se refiere a las tareas de cuidado y vida familiar a las que tradicionalmente se ha relegado a las mujeres. Salir de este «espacio natural» que según el patriarcado les corresponde es un obstáculo para su desarrollo profesional. Existe mucha presión dentro de la pareja, en la familia y en la sociedad para hacer creer a las mujeres que son las principales responsables del cuidado. El sentimiento de culpa y las dobles jornadas dificultan su promoción profesional, tal y como está configurado el mundo empresarial masculino.

El techo de cemento son los límites que tienen las mujeres para crecer política, social o empresarialmente, debido a la falta de referentes, la maternidad, la vida personal, una mayor autocrítica o una forma diferente de entender el liderazgo y la ambición profesional. Este concepto tiene que ver con la educación sexista, la organización del tiempo en las empresas (sin tener en cuenta la conciliación) o la forma en la que históricamente se establecen las jerarquías en las corporaciones. Para vencer este techo, muchas mujeres tienen como única opción adaptarse a estructuras laborales, horarios y dinámicas masculinas renunciando a su condición de mujeres.

El techo de diamante es un término acuñado por Amelia Valcárcel en su libro 'La política de las mujeres' (1997, Ediciones Cátedra) y se refiere al hecho de que, en la sociedad patriarcal, el hombre sea un «objeto de aprecio» y la mujer un "objeto de deseo", subordinándola así a una situación en la que el hombre perpetúa su poder. El techo de diamante impide que se valore a las mujeres por criterios estrictamente profesionales y merma la autoestima femenina de cara a aspirar a un puesto de mando.

Estas barreras, imperceptibles a veces, podemos comprobarlas en el surgimiento, evolución y final del movimiento artístico conocido como "Realistas de Madrid" formado por un grupo de hombres y mujeres nacidos en España en la década de los 30 y que se conocieron estudiando en la de los 50. El grupo estaba formado por Isabel Quintanilla, María Moreno, Antonio López , los hermanos Julio y Francisco López Hernández , Esperanza Parada, Amalia Avia y Lucio Muñoz , aunque este último se decantó por la pintura abstracta. Se trató de un núcleo bastante cerrado porque, aparte de los lazos familiares, la amistad común databa desde que se conocieron. En sentido estricto, lo que se viene llamando un clan.

El grupo defendió una pintura realista académica pero ambiciosa, con vocación de seriedad y teniendo como objetivo demostrar que la pintura había dejado de constituir la vanguardia y la luz de las artes, tal y como había venido siendo desde principios del XIX. Los realistas no volvían al pasado, trataban de traer el pasado al presente.

Paradójicamente pese a hombres y mujeres tener la misma formación y gozar de igual prestigio en sus primeras exposiciones, el contraer matrimonio unido a cuestiones de género supuso que ellas abandonaran sus carreras profesionales teniéndose que dedicar al cuidado primero de sus maridos a la par que de sus hogares, después de sus hijos e hijas y terminar con el de sus mayores. Actualmente nos encontramos con genios de la pintura como Antonio López, y de la escultura como los hermanos Julio y Francisco López Hernández, mientras Isabel, María, Esperanza y Amalia por su condición de mujer quedaron postergadas del panorama artístico.

Isabel Quintanilla nació en Madrid en 1938 y en 1953, a los quince años de edad, ingresó a la Escuela Superior de Bellas

Artes. Se graduó con éxito cinco años más tarde, en 1958. En 1960, Quintanilla recibió una beca para hacer una sangría de ilustración en el Instituto Beatriz Galindo. En ese ambiente estudiantil y artístico conoció al escultor Francisco López con quien se caso y mudó a Francia.

Aunque su marido prefería que pintara a que le planchara una camisa, a duras penas pudo conciliar la crianza de su hijo, el cuidado de su madre enferma alojada en su casa, la atención de las tareas del hogar y apoyar incondicionalmente la carrera de su marido por lo que tuvo que abandonar durante años su dedicación a la pintura. Además, en los intentos que hizo por exponer en Francia se encontró con galeristas que se llevaban los cuadros y no le pagaban, sintiendo que la trataban con desprecio por ser mujer y no considerándola pintora.

Con más tiempo para ella, retomó sus estudios y en 1982, se licenció en Bellas

Artes por la Universidad Complutense de Madrid, comenzando a dar clases de dibujo en un taller dirigido por Trinidad de la Torre.

Isabel Quintanilla falleció en octubre de 2017, en su residencia de Brunete, dejando como legado series de bodegones y paisajes al óleo donde demostraba su capacidad para capturar texturas y, casi siempre, usando luz difusa.

María Moreno nació en 1930 en Madrid en el seno de una familia liberal que abandonó la capital para trasladarse a vivir a Valencia, aunque pronto regresaron a la capital de España. En 1954, a los 21 años, ingresó en la Escuela de Bellas Artes de San Fernando. Allí conoció a Antonio López con quien se casó en 1961, tras licenciarse y convertirse en profesora de dibujo.

Un año después de casarse y en 1962 parió a la primera de sus hijas, María y en 1965 a la segunda, Carmen. Entre embarazos, partos y post partos, además de cuidados y crianzas, siguió pintando la realidad intimista que le rodeaba, su mundo concebido en pasillos, escaleras, ventanas interiores, búcaros, flores, bodegones, escenas del ámbito doméstico trazadas desde la ventana de su estudio desde donde observaba el jardín que ella misma cuidaba. Pintura de género de la mano del género, que iba alcanzando prestigio hasta, en 1962, participar en la Exposición Nacional de Bellas Artes, en el Palacio de Velázquez del Retiro, en 1966 exponer en la Galería Edurne "Óleos con silencio dentro"; en 1973 en Frankfurt, en la Galería Herbert Meyer-Ellinger y en 1990 en París, en la Galería de Claude Bernard. El galerista, Claude Bernard, en aquellos momentos quedó embelesado con su obra y la compró toda. Años después Bernard quiso organizar otra exposición dedicada a la pintura de María Moreno, pero ya no fue posible. María ya no pintaba.

En 2016 se emitió en la 2 de TVE el programa dedicado a su obra y titulado "María Moreno, la luz de Antonio", aludiendo a ser la esposa del segundo artista español más cotizado internacionalmente.

Esperanza Parada nació en San Lorenzo del Escorial, el 18 de febrero de 1928 y en Madrid comenzó su carrera pictórica en la Academia Peña, lugar dónde se preparaban entonces para ingresar posteriormente en la Escuela de Bellas Artes. En la década de los cuarenta completó su práctica del dibujo natural en el Círculo de Bellas Artes de Madrid donde conoció al que posteriormente fue su marido en 1962, el escultor Julio López Hernández. Antes de casarse, en 1957, realizó su primera exposición en la Sala Macarrón de Madrid, única galería privada que exponía a los artistas de su tiempo. En los 60 realizó medallas y relieves de pequeño formato que expuso tanto en España como en el extranjero por encargo de la Fábrica

Nacional de Moneda y expuso en la Galería Juana Mordó, pero al casarse y tener a sus dos hijas Marcela y Esperanza, decidió dedicarse a su vida familiar y a priorizar la obra de su marido por encima de la suya propia. Su actividad pictórica quedó prácticamente abandonada hasta que en los años 90, más liberada de sus ocupaciones familiares, retomó la pintura y participó en diversas muestras colectivas, siempre vinculadas al grupo de los realistas madrileños. Así en 1992 participó en la muestra *Otra Realidad. Compañeros en Madrid* y en 2002 en la muestra *Nocturnos* y *Luz de la Mirada*. Falleció en Madrid el 30 de enero de 2011 y en 2016 su obra intervino en el Museo Thyssen en la relevante muestra dedicada al grupo pintores y escultores realistas que habían vivido y trabajado en Madrid con el título: *Realistas de Madrid.*

Amalia Avia nació en Santa Cruz de la Zara, provincia de Toledo, en 1930, trasladándose a Madrid donde se formó con el pintor Eduardo Peña e ingresando posteriormente en la Academia de Bellas Artes de San Fernando, donde conoció al que después fue su marido, Lucio Muñoz, también artista y con quien se casó en 1960. La pareja se compenetraba en lo artístico y en lo personal. Amalia, realista, y Lucio, abstracto, tenían estudios contiguos y fueron un apoyo el uno para el otro. A pesar de ser ambos grandes artistas, con estilos radicalmente distintos y nada comparables, Amalia siempre quedó relegada a la condición de "mujer del artista", injusta etiqueta en la que el error es haber supuesto un genio por encima de otro. Casarse supuso quedar relegada al espacio doméstico donde intentó continuar trabajando aunque con una quietud tensa y una languidez incómoda. Así se dedicó a pintar escenas donde se reflejaban las cargas de las tareas del hogar, quejándose en forma pictórica y manifestando su rebeldía al respecto. Pese a que su marido Lucio la ayudaba en las tareas, la responsabilidad de la casa y el cuidado de la familia eran en exclusiva para ella de modo que tuvo que renunciar a su carrera profesional a la par que colaborar en potenciar la de su esposo, que, con un tiempo lineal dedicaba todo el tiempo que precisaba a pintar. La crianza de su hijo Diego le privó de dedicarle tiempo a su trabajo permaneciendo prácticamente doce años sin actividad teniendo que esperar a 1972 para exponer en la Galería Biosca dónde se presentó como una "pintora de ausencias" cuyos temas, tremendamente humanos, se inspiraron en plazas, tiendas, rincones y bodegones. Amalia pintaba lo que no podía fotografiar.

En 1978 se le concedió el premio *Goya de la Villa de Madrid*. En 1992 se celebró una gran exposición («Otra realidad. Compañeros en Madrid») sobre el grupo de amigos, tanto realistas como abstractos que surgió en torno a la Academia de Bellas Artes de San Fernando.

En 1997 realizó una gran exposición antológica en el Centro Cultural de la Villa de Madrid y se le concedió la Medalla del Mérito Artístico de dicho Ayuntamiento. En los años ochenta empezó a trabajar también en interiores. A su obra sobre tabla hay que añadir una larga trayectoria como grabadora.

En 2004 publica sus memorias *De puertas adentro*, con notable éxito en el mundo del arte.

Sobre su obra escribió Camilo José Cela, quien dijo de Amalia Avia que era la pintora de las ausencias, la amarga cronista del «por aquí pasó la vida marcando su amargura e inevitable huella de dolor».

Falleció el 30 de marzo de 2011 en Madrid. Hoy es recordada con un papel relegado como pintora componente del grupo "Realistas de Madrid"

Isabel Quintanilla, María Moreno, Esperanza Parada y Amalia Avia, las Realistas de Madrid son un claro ejemplo de opacidad de lo femenino ante lo masculino, de la conversión de trabajadoras en cuidadoras, de independientes a dependientes, de pintoras a musas, de renuncia, de invisibilidad. Luces, sombras y estrellas fugaces que desaparecen ante la hegemonía masculina.

ENTRE LOZAS Y CACHARROS: LAS BODEGONISTAS.

Claude Raguet "A Gentleman's Table". 1897. Oleo sobre lienzo. 45.7 x 81.2 cm. Colección privada

Como reflejo de la vida misma, muchas mujeres artistas recluidas al ámbito doméstico, se han dedicado a plasmar en sus lienzos aquellos objetos que tenían próximos, que formaban parte de su vida cotidiana y que les permitía seguir con la práctica de la pintura sin desatender las tareas que la sociedad les había impuesto: quedarse en casa, cuidar a los hijos e hijas, atender a los y las enfermas y aislarse de la vida pública, social y laboral.

Entre vajillas, cubiertos, jarras, manjares y frutos descubrieron la posibilidad de seguir con sus prácticas pictóricas a través de objetos cercanos, a su alcance y, con ellos, perfeccionar su técnica, experimentar curvas y líneas, hacer mezclas y convertirse en expertas de un tipo de pintura que, quizá por ser generalmente femenina, se considera de nivel bajo, marginado y relegado por el retrato, el paisaje, las escenas religiosas o históricas. Sin embargo, y aún resulta más curioso, aunque normalizado en el discurso patriarcal, tanto los libros de texto como los museos y manuales de arte exhiben gloriosos bodegones de Velázquez, Zurbarán, Caravaggio o cualquier conocido maestro de la pintura universal, obviando e invisibilizando a las realmente expertas en la materia que son las bodegonistas.

La cantidad de mujeres artistas que han cultivado este género pictórico es innumerable, sin embargo, una de las, quizá, más conocida sea la de Clara Peeters, por cierto, la primera mujer en torno a la cual el museo del Prado ha hecho una exposición, y que tuvo lugar en 2016. Clara es considerada la iniciadora de éste género en los Países Bajos.

Nació en Amberes en 1594 y como peculiaridad de su obra se autorretrataba con miniaturas en las decoraciones y piedras de jarras y platos que pintaba. Fue autora de escenas de desayuno y florales en las que objetos preciosos de metal o cerámica, que se acumulaban aparentemente desordenados junto a flores, frutos y piezas de pesca o caza, creaba un conjunto multicolor. También era muy hábil a la hora de distinguir texturas. La obra de Peeters destaca por su elegancia que con un total de tan solo 31 lienzos firmados como Clara Peeters o Clara P., otras pinturas con el anagrama

PC y algunas sin firmar que se han atribuido también a ella, realizadas entre los años 1607 y 1621. Clara consiguió que el matrimonio Holladay, coleccionistas de obras de arte, quedaran prendados con su obra, expuesta en una galería de Viena y posteriormente en el Museo del Prado. El arte de Peeters animó a la pareja a crear un espacio en el que dar protagonismo a las mujeres artistas de todo el mundo y de todos los tiempos. Así, y en 1987 nació el National Museum of Women in the Arts, NMWA, que posee en la actualidad más de tres mil pinturas, esculturas y otras piezas artísticas creadas por mujeres. Su base de datos recibió el nombre de Clara, en honor a su inspiradora, Clara Peeters.

Interesantísima es también la obra de la pintora Francesa Anne Vallager, nacida en Paris en 1744 y considerada la más importante en este género de su época. De ella se registran de ella al menos 400 obras con temas de flores, caza, instrumentos musicales, trofeos militares, utensilios de cocina, lujosa porcelana, jamones, langostas, frutas, en cuadros pequeños o grandes y de composiciones elaboradas con una técnica tan depurada y realista que incita al espectador a acercarse y comprobar si son reales las imágenes.

Su talento la llevó a ser elegida por unanimidad miembro de la Real Academia de Arte de Paris. Fue protegida de la reina María Antonieta y durante la Revolución Francesa no dejó de pintar ya que sus temáticas, poco comprometidas políticamente, le permitieron seguir con su arte después de los años convulsos. Anne pintó muchos cuadros de flores de gran modernidad, su pintura es de capas delgadas. Por su temática, conteniendo vajillas de plata o trofeos militares la acercaban a un público aristocrático.

En Estados Unidos, a finales del siglo XIX y hasta mediados del XX destaca la figura de Claude Raguet, además aclamada por utilizar la técnica de trompe-l'œil. Nació en Cincinnati, Ohio en noviembre de 1855 y comenzó sus clases de pintura a los diez años, a los 14 años estaba inscrita en el Mount Auburn Young Ladies Institute y, teniendo tan solo 17 años, en 1872, la Exposición Industrial de Cincinnati incluyó tres de sus primeros trabajos. Los temas de sus primeros bodegones en Nueva York incluían frutas y flores, la mayoría de las veces pensamientos y rosas, y ella, a menudo, identificaba las variedades de rosas en sus títulos. Sin embargo, durante la década de 1880 comenzó a utilizar una iconografía masculina creando los conocidos como "bodegones de solteros" en los que incorporaba elementos como libros, velas, periódicos y pipas de espuma de mar dispuestas en una mesa de madera. Así pues, abandonó las flores como tema y pasó el resto de su carrera centrándose en las composiciones de mesa de la biblioteca. Claude Raguet consiguió que esta versión masculinizada del bodegón fuese adquirida para despachos, cafeterías, restaurantes y otro tipo de espacios públicos más visibles. En "A Gentleman's Table" aparecen tuberías, botellas, vasos y tarjetas dispuestas en una mesa. El trabajo fue encargado por un club de hombres en Chicago y ofrece una crítica sutil de las actividades masculinas de los juegos de azar y la bebida. Puede observarse que la mayoría de las botellas están vacías, lo que sugiere que se ha consumido mucho alcohol, los cubos de azúcar y las rodajas de limón indican que uno de los licores es absenta, considerada la cocaína del siglo XIX, las botellas volcadas, las cartas esparcidas sobre la mesa y el abandono de una composición piramidal crean una sensación de desorden en el trabajo. Todo está calculado con una intención moralizante.

Coetáneamente, y en España, Adela Ginés, alumna de la escuela de Bellas Artes de San Fernando de Madrid y posteriormente profesora en la Asociación para la Enseñanza de la mujer, comenzó pintando floreros para finalmente especializarse en bodegones en los que combinaba las frutas y follajes con gallos y pequeñas aves.

Las obras pictóricas de temas religiosos se han expuesto en iglesias y templos de visita obligada por y para todas; la pintura de historia ha permitido el acceso a premios, galardones y su exposición en instituciones y museos; los retratos y paisajes se han exhibido en amplias estancias, recepciones, salones y ¿dónde se han ubicado los bodegones?, curiosamente en los espacios de mujeres, en las cocinas, en los espacios pequeños, salitas, rincones, en los mismos cubículos escondidos donde han permanecido las mujeres y donde nuevamente se ha invisibilizando su maestría y genialidad.

LAS ALEGRES PROSTITUTAS Y EL TRABAJO SEXUAL.

Kees Van Dongen, 1908

Víctimas de la trata de blancas en la mayoría de las ocasiones, o de la violación en otras, a las prostitutas les ciega la luz del día por acostumbrarse a pasar sus vidas viviendo en la oscuridad de la noche o alumbradas por las rojas luces de neón de los lupanares. Sus "no" no valen, porque son putas y poner resistencia es peor, necesitan permanecer quietas sin rechistar.

Extorsionadas por sus proxenetas, abandonan sus camas cuando empieza a atardecer, maquillan sus rostros con gruesas pinceladas que tapen sus tristezas y ojeras y, con las vestimentas mas descalabradas suben a un taxi que las recoge y abandona en la carretera hasta el amanecer. En la calle comienza la carrera por ser la más puta entre las putas y así obtener más privilegios y reconocimientos ante su dueño y señor quien, de recaudación se queda un 75%.

Los clientes, los puteros, gozan si las ven llorar y a cambio de unos miserables euros se apropian de sus cuerpos permitiéndose exigir todo tipo de aberraciones, obligándolas a hacer felaciones, orinándose o defecando en ellas, practicando el más duro de los sexos y despidiéndose diciendo "solo eres una puta".

Las más afortunadas tienen por cobijo el techo de un club, al que acuden diariamente hombres casados o con pareja tras su jornada laboral donde ellas esperan acostumbradas al sufrimiento, a la violencia y al sin sentir. Allí beben, consumen drogas y desinhibidos obtienen sexo a cambio de dinero. Los jóvenes acuden en manada con el propósito de ser protagonistas de las películas pornográficas que acostumbran a ver. Luego están los cuarentones y cincuentones que buscan demostrar su hombría y virilidad ante otros, que pagan por violentar y volver a sus casas con la conciencia tranquila de haberlo hecho a cambio de unas monedas. También acuden solitarios, raritos, que odian a las mujeres y canalizan ese odio a través de la prostitución. En este grupo se encuentran los cosificadores, para quienes las mujeres son objetos a su servicio; los arriesgados, que demandan sexo sin protección, sin preservativos y generalmente acompañado de cocaína; los buscadores de pareja o rescatadores, que buscan una relación afectiva que siempre termina en violencia de género; los personalizadores, que además de sexo buscan en la mujer a la psicóloga y, en última instancia, los agresores, que recurren al sexo para ejercer la violencia sobre las mujeres, en este caso prostitutas.

Ni unos ni otros ven a la persona que hay detrás de la puta y, lo más estremecedor, se atreven a decir que es un "trabajo sexual" que hay que legalizar, incluso actualmente nos encontramos con la depravada idea de crear sindicatos que persigan considerar la prostitución como una salida laboral para las mujeres y, por tanto, el orgullo putero como un novedoso negocio.

Etimológicamente del latín tardío "burdus", que significa bastardo, procede burdel que, junto con prostíbulos, mancebías y lupanares, han sido escenarios inspiradores para muchos artistas que, en grupo o en soledad nos han trasladado imágenes de alegres prostitutas cercanas al estereotipo de la femme fatale y en los que, si aparecen hombres, se reflejan pasivos, esperando y relajados próximos a la barra del bar. Imágenes por tanto totalmente discordantes con la realidad puesto que ellas son el objeto y la víctima sexual.

Con más o menos sutileza la historia del arte, los museos y colecciones están plagados de estas representaciones que nos llevan a pensar en lo atractivos que debieron resultar para los "grandes maestros" visitar estos locales y lo enigmáticas que les resultaron estas mujeres. Quizá el que rápidamente acude a nuestra mente es el francés Toulouse-Lautrec, tildado por algunos como el amigo de las putas e hijo de un matrimonio entre dos primos hermanos de una familia aristocrática. Producto de la endogamia Henri fue un chico enfermizo y débil que, cuando tenía diez años, empezó a desarrollar una enfermedad que le afectaba los huesos, ello sumado a que a los 14 años tropezó y se fracturó el fémur izquierdo y al poco tiempo se quebró el derecho, provocó que sus piernas no volvieran a crecer, aunque sí el resto de su cuerpo. Su deformidad, evidente, le provocó graves problemas y traumas.

Desde pequeño siempre mostró interés por el arte, separados sus padres y despreciado por su progenitor abandonó Albi, su ciudad de nacimiento, a los 17 años y se trasladó a vivir a Paris donde además de estudiar dibujo comenzó a frecuentar el ambiente de Montmartre y a relacionarse en los cafés y cabarets con bohemios, prostitutas, absenta y opiáceos, a la par que a pintar los temas que le hicieron famoso, los prostíbulos y burdeles cuyas protagonistas aparecen desvergonzadas, divertidas, frívolas, en actitudes groseras, que parecían provocar en el artista simpatía e inspiración.

Lautrec, a través de su producción, nos ofrece una imagen alejada del mundo de la prostitución que maquilla convirtiendo en un circo lo que en realidad es un infierno y del que él mismo terminó siendo una víctima. Asiduo del Moulin Rouge, del Jardin de Paris o del Divan Japonaise, de la vida nocturna, del mal comer, de los excesos de alcohol y del mal dormir, se dedicó en sus últimos años a pintar a cambio de favores sexuales, comida o alojamiento. Una crisis paranoica lo llevó a un intento de suicidio con metileno, contrajo sífilis, sufrió ataques de delirium tremens y finalmente, en 1901, a los 36 años falleció tras haber permanecido los últimos dos bajo el cuidado de su madre.

Otto Dix, José Gutierrez Solana, Rudolph Bergando, Picasso, Jean-Louis Forain o Botero son otros artistas entre muchos, que, con jolgorio, ligereza y liviandad han tratado en sus pinturas las "alegres" vidas de las prostitutas vendiendo una imagen alejada de la realidad y enmascarando en clave patriarcal un submundo aterrador de violencia sexual para las mujeres que, a la fuerza, se ven sometidas a vivir de ello.

A diferencia de ellos, el holandés, nacido en Rotterdam en 1877, Cornelius Théodorus Marie van Donge, con una sensibilidad especial captó el alma triste de estas mujeres. Firmando sus obras como Kees van Dongen, inició su formación en la Real Academia de Bellas Artes de su ciudad natal y, con apenas 16 años, comenzó a frecuentar los rincones oscuros del puerto para codearse con marineros y prostitutas. Instalado en Francia después, e influido por los impresionistas, fauvistas y expresionistas, creó un estilo personal que abogaba por los colores puros, estridentes, la no sumisión frente a las tradiciones y la no suavidad de las imágenes, así como por delatar y denunciar los excesoss en Montparnesse a través de la representación de vicios, historias, personajes y crueles realidades.

Sin ninguna carga erótica, ni sensual sino todo lo contrario, y con gran subjetividad, Kees van Dongen retrató a prostitutas en su enfermiza realidad, envueltas en rojos chillones y rasgos marcados por espesas líneas de maquillaje que, pese a las gruesas capas de pintura no tapan la tristeza ni las ojeras. Imágenes provocadoras que, con sometimiento y abnegación ofrecen su seno al mejor postor. Imágenes sofisticadas, con vestimentas provocadoras que evidencian la triste realidad de esas "alegres" prostitutas que puteros y proxenetas nos quieren vender y que desde el feminismo y la lucha por la igualdad debemos abolir puesto que nada excusa ni justifica la mercantilización del cuerpo de una mujer.

LOS TIEMPOS FEMENINOS, EL TIEMPO CIRCULAR: BERTHE MORISOT.

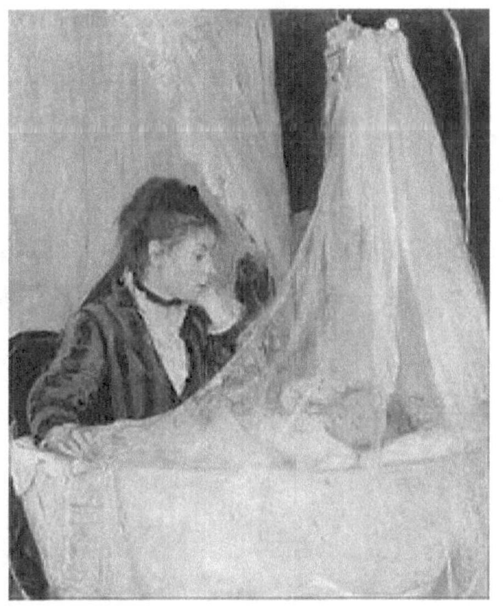

Berthe Morisot "La cuna". 1872. Oleo sobre lienzo. 56 x 46 cm. Museo d'Orsay

La fantasía de la igualdad termina con la maternidad.   Mujeres   empoderadas, formadas, independientes, y con carreras profesionales consolidadas ven como su castillo de naipes se derrumba en el momento de quedar embarazadas y su proyecto de vida, a consecuencia de la educación machista recibida, cambia radicalmente y para siempre teniendo que compatibilizar el trabajo dentro y fuera del hogar, convirtiéndose su tiempo en circular, compaginando la producción y la reproducción y, finalmente renunciando a su sueños, puesto que, evidentemente, la mujer no es una máquina. A ello se suma que la sociedad la va a tener en mejor consideración si renuncia a su proyecto laboral que si lo hace a su tarea de cuidados.

En el tiempo lineal hay un principio y un fin, una hora de entrada al trabajo y una de salida, sin interrupciones, con total implicación,presencialidad, concentración. Con el embarazo, a medida que la barriga crece también aumenta la percepción de que todo lo que una mujer hace está impregnado por el rol femenino que le viene impuesto, y que esa libertad de moverse a sus anchas termina donde comienza el cordón umbilical. Ese ser vivo desarrollándose en nuestra matriz nos despierta en el mundo machista, en el que aún nos corresponde el deber de cuidar, mecer, consolar, amamantar, amar incondicionalmente. Ser madre se revela como el primer y más importante oficio, cualquier otra tarea o cargo que ocupemos laboral o socialmente pasa a ser subalterno con respecto a la maternidad. Así las mujeres al convertirse en madres se ven forzadas a prescindir de muchas cosas a las que no está obligado a renunciar un hombre, incluso a sus otras identidades. Es visto como algo natural y necesario que ella dedique la mayor parte de su tiempo, si no todo, a la crianza del bebé, algo que se dar por supuesto y ni siquiera se valora como el gran activo socioeconómico que es todo el trabajo reproductivo que las mujeres aportan gratuitamente por defecto. Los tiempos de las mujeres cambian y, sin tener un principio ni un fin, acuden a sus trabajos, con el grueso de la carga doméstica, pidiendo permisos para acudir a tutorías escolares, a citas médicas, aprovechando el rato de descanso para hacer la compra y, al terminar la jornada laboral, encargarse de las tareas de la casa. Un tiempo circular agotador, que mengua la salud e imposibilita la dedicación completa y el ascenso profesional. Y es que el mito del amor de madre, como supuesto instinto biológico, junto con el del amor romántico ha supuesto para las mujeres una esclavitud hacia las tareas de cuidado y a la renuncia de la propia esencia para ceder todo el protagonismo al varón.

En el ámbito artístico, como en tantos otros, encontramos geniales pintoras a las que la maternidad les supuso un cambio radical en su proyección profesional privándonos, a la sociedad en general del goce de disfrutar de las maravillas que hubieran podido crear las mujeres y que no han podido hacerlo por una cultura patriarcal que lo ha impedido.

Cierto es que a las alturas que estamos, de contar con todo tipo de electrodomésticos e incluso de, en magníficos casos tener parejas que practican la corresponsabilidad, las mujeres continuamos sintiéndonos, por la presión social, las responsables de las tareas domésticas y de los cuidados, dedicando circularmente nuestro tiempo a ello, sin disponer tiempo para el ocio y estando siempre cansadas. Betty Friedan en "La mística de la feminidad" de 1963 explicaba el fenómeno del vacío existencial que sienten las mujeres cuando tras estudiar una carrera o tener un empleo lo abandonan para dedicarse a las tareas del hogar, incluso de la privación que sienten por sentirse privadas de una función en la sociedad acorde a su capacidad. Desterradas por tanto de un papel activo en la sociedad, más se aburren y prolongan la reiteración de las labores, la monotonía en sus vidas, el aislamiento y la falta de estímulos. Friedan advertía incluso que cuanto más supera la inteligencia las necesidades de trabajo, mayor es el aburrimiento.

Como ya reivindicó en 1929 Virginia Woolf respecto a tener "Una habitación propia", Friedan también matiza la falta de privacidad y la carencia de espacios en el hogar donde las mujeres puedan pensar, trabajar, estudiar o, sencillamente estar solas, pero concluye, que si los tuvieran, por la educación recibida orientada a la dependencia y cuidados, tampoco sabrían que hacer con ellos y que su uso lo dedicarían a compatibilizarlos con los cuidados retomando la idea de tiempo circular.

La vida de muchas mujeres nos sirve de ejemplo de todo cuanto he afirmado, sin embargo voy a ejemplificarlo tratando sobre la de la pintora francesa Berthe Marie Pauline Morisot , fundadora, figura clave y fundamental exponente del movimiento impresionista francés, aunque invisiblizada por ser mujer. Nacida en

Bourges en 1841, a los 23 años ya expuso en el Salón de Paris y en 1874, con tan solo 33 años, en las exposiciones impresionistas junto a Monet, Degas y Renoir. Berthe se esforzaba por plasmar las sensaciones de visión mediante una compleja red de pinceladas quebradas que la colocaron en la vanguardia de su época. Su pintura, muy ligada a su propia vida y a la de las personas que la rodeaban, mostraba su entorno tal y como ella lo veía, con una gran naturalidad. Por su talento y habilidad, ganó el respeto y reconocimiento público de sus colegas varones contemporáneos, logro inusual para las mujeres de la época. Su voluntad de romper con la tradición, la trascendencia de sus modelos y su capacidad la convierten en la gran dama de la pintura.

Iniciada en el paisajismo que cultivaba del natural, pasó a dedicarse largas horas en El Louvre copiando las obras de los grandes maestros y aprendiendo de ellos hasta convertirla en una prodigiosa de los retratos. Su amistad con Édouard Manet, que posteriormente se convirtió en su esposo, le permitió conocer de primera mano los primordiales debates sobre el arte moderno y la realidad cotidiana, que solían ser discutidos en el Café Guebois, lugar vetado para las mujeres. Gracias a las conversaciones que mantenía con este y otros artistas en las veladas de los martes en casa de su familia, y en las de los jueves, en casa de Manet, Berthe consiguió acercarse a los círculos artísticos del momento, adosando sus intereses a los del futuro grupo impresionista y comenzando a pintar temas de asuntos domésticos de la vida moderna que mostraban su dominio de la pintura al aire libre. Más adelante y coincidiendo con el embarazo y maternidad de su hermana Edma, provocó en ella unos sentimientos que le condujeron a sentirse atraída por temas relacionados con la vida familiar, las escenas de interior, las reuniones intimistas y las maternidades, cuya obra

"La cuna" de 1872 es una de las obras maestras del impresionismo francés.

Se trata de un óleo de pequeño formato, de apenas cincuenta centímetros de altura y poco más de cuarenta y cinco de anchura, y en el que representa a su hermana que mira cándidamente a su hija, Blanche, recién nacida mientras la niña duerme plácidamente en su cuna. Se trata de una escena intimista ambientada en el interior de una alcoba; la madre aparece sedente y ataviada con un vestido negro que resalta sobre el resto de la composición. Uno de sus brazos descansa sobre la cuna del bebé mientras que el otro permanece doblado sujetando su cara, esta postura enfatiza la diagonal de su mirada que dirige hacia su hija y que será el eje sobre el que la artista articula la composición. Por su parte el bebé descansa tranquilamente en la cuna cubierta con sábanas blancas y por un dosel que demuestra la habilidad de la pintora en el tratamiento de las transparencias, de modo que, tras un sinfín de veladuras podemos apreciar el rostro del bebe con los ojos dormidos. El gesto de Edma, que corre el visillo de la cuna entre el espectador y el bebé, intensifica todavía más el sentimiento de intimidad y de amor protector expresado en el cuadro. En la actualidad, el lienzo de Morisot se encuentra en el Museo de Orsay de Paris. Al finalizar el oleo, este tipo de escenas se convirtieron en las predilectas por la pintora.

En 1874 se casó con Manet y en 1878, a los 37 años, Berthe dio a luz a su hija Julie lo que supuso un drástico cambio en su producción pictórica convirtiéndose ella en modelo predilecta desde su infancia y hasta su adolescencia. La representó sola, con su gato, jugando, sentada, en pie, con su padre, con un bote, con su muñeca, en el bosque, en el baño y en todas las posturas y actitudes que logró imaginar. Para Berthe su maternidad no la anuló artísticamente pero si la cambió en su forma de entender la vida y pintar convirtiendo a su hija en el epicentro de la misma. Cuando Julie tenía tan solo 17 años, su madre falleció a consecuencia de una congestión pulmonar. Berthe Morrisot tenía tan solo 54 años cuando murió. Nos dejó como legado obras maestras de primera línea dentro del impresionismo francés y muestra de la producción de una pintora profesional, esposa y madre a quien la maternidad no solo le cambio la vida, también la producción pictórica, el tiempo y el espacio que quedo reducido a las atenciones de su hija, convirtiéndola en su musa.

El patriarcado ha convertido a la maternidad en un mito que presiona a las mujeres limitándolas y oprimiéndolas, idealizando un estado que implica renunciar a proyecto vitales ajenos a los biológicos. ¿Biología, educación o necesidad de avivar el mito para mantener la supremacía machista? Esa es la cuestión.

LOS RINCONES FEMENINOS Y EL UNIVERSO MASCULINO: LOS ESPACIOS DE ANDREY REMNEV.

Andrey Remnev "Desenredo del cabello" 1997. 254 x 254 cm.

La diferenciación entre la ocupación del espacio en el ámbito público y privado entre hombres y mujeres, es un tema sobre el que es necesario reflexionar, así como analizar los espacios urbanos, prácticas de deportes condicionadas por los espacios, posturas, composturas y quietud en las relaciones sexuales, etc. Hacerlo nos hará tener conciencia sobre cómo, a la par que hoy las mujeres seguimos arrinconadas, ocupando un espacio circunscrito, a ellos se les permite ser los dueños del universo. Y esto no forma parte del pasado, ni de la historia, sino que es una realidad actual que podemos debatir alrededor de la obra el pintor ruso contemporáneo Andrey Remnev, una superestrella en ascenso en la escena artística actual.

La incorporación de la mujer a la esfera pública ha supuesto su introducción en una sociedad y mundo laboral patriarcal y masculinizado. Ni sus necesidades, ni sus derechos, ni su función reproductora o cuidadora se ha tenido en cuenta en la modificación de estos espacios, de modo que la mujer, para integrarse, se ha tenido que masculinizar, por ende debemos seguir hablando de desigualdad o falsa igualdad. Las mujeres han accedido a estos espacios público-laborales, pero sin que estos espacios hayan sido transformados para pasar a tener como modelo universalizado un sujeto de referencia que no sea el hombre. Las mujeres se incorporan al trabajo pero sin que se modifique una concepción del trabajo ni sus tiempos ni sus relaciones de sesgo claramente masculino, en detrimento del cuidado por la vida que es originariamente femenina. Ello hace que las responsabilidades familiares o la capacidad de parir sean desventajas en el mundo laboral, creando una incorporación femenina al trabajo pero en una situación desigual Aunque la mujer se haya incorporado en ellos, estos continúan siendo espacios donde predominan los paradigmas relacionales masculinizados. Esto hace que la relación de la mujer con el mundo laboral continúe siendo una relación incompleta.

En cuanto al ámbito privado, la incorporación de la mujer al ámbito público tampoco ha ido acompañada de una redistribución del trabajo doméstico, que continua recayendo sobre la mujer. No hay una ruptura con la división sexual del trabajo ni de la explotación patriarcal. En tanto que el hombre no produce trabajo doméstico, y que la mujer con estudios ha deshabitado el espacio privado-doméstico para desplazar su centro de vida al espacio público-laboral, no pudiendo asumir la carga doméstica, esto hace surgir la necesidad de creación de otro nuevo sujeto que habite el espacio privado doméstico y haga el trabajo del hogar. Aunque ambos cónyuges de la familia haya desplazado su centro de vida al espacio público-laboral, la familia continúa necesitando a alguien que realice las tareas de reproducción necesarias para la vida en el espacio privado-doméstico. En consecuencia, el fenómeno que está ocurriendo en la familia, es que la mujer moderna con estudios ha abandonado su rol social de mujer para adoptar un rol social masculino en un espacio público-laboral masculinizado.

En los espacios urbanos nos encontramos con un ejemplo muy esclarecedor que son los parques y zonas escolares donde la gran parte de los espacios están destinados a extensas áreas donde practicar el fútbol, deporte pese a los intentos de mujeres, masculinizado y que impide a las niñas disfrutar quedando obligadas a ocupar rincones y esquivar balones. Otro desequilibrio abismal.

Los deportes son también una clara evidencia de la diferente educación que, aún hoy, recibe el hombre y la mujer (y por supuesto que hay excepciones, pero abordo el tema en general). Tanto en el colegio como en el tiempo extraescolar los niños juegan al fútbol, al baloncesto, al voleibol, a deportes que les permiten llevar prendas holgadas y sueltas, cómodas zapatillas, saltar, correr, despeinarse, sudar y, especialmente, divertirse en grupo, crear hermandad y complicidad. A diferencia de ello, a las niñas se las continúa llevando a ballet, a gimnasia rítmica, natación sincronizada o deportes similares que requieren fuertes disciplinas, actitudes controladas, peinados cuidados y meditados, calzado que martiriza, prácticas de interior, aislamiento y contención. El ocio de las niñas no tiene ninguna relación con la diversión. Sus espacios de nuevo son limitados.

Y hasta en las posturas y composturas a las mujeres se nos educa limitadas en el espacio. Mientras a ellos se les permite, y convierte en machotes, andar como si fueran montados a caballo, a nosotras se nos exige hacerlo con las piernas juntas. Lo mismo sucede al sentarse, un hombre con las piernas abiertas manifiesta su virilidad; una mujer con los muslos pegados, mejor aún ladeados, su feminidad que, en realidad, se traduce en el punto de arranque, el arrinconamiento, la ocupación del mínimo espacio. Los brazos alzados y abiertos en los hombres simbolizan liderazgo y poder, pero cuando una mujer lo hace la tachan de vulgar y ordinaria. Y es que ¡Qué elegantes y angelicales resultan las mujeres con los brazos semicruzados, pegados al cuerpo y las piernas unidas! ¡Qué ejemplo de domesticidad!

En el sexo también quietas, tumbadas, postradas y adoptando la básica postura del misionero, dónde receptivas o no aguantamos que nos encarandolen para que, con las piernas abiertas se nos penetre vaginal o analmente. A la inversa nos convertiríamos en la mujer fatal que fue Lilith, quien por no aceptarla abandonó a Adán.

Puede que para alguien, lo que he argumentado parezcan retazos de un pasado superado pero, además de ser una realidad actual y habitual nos encontramos con que a través de los medios de comunicación y del arte, esta imagen cercada de la mujer es la que se difunde y agrada socialmente, considerando lo contrario desagradable y hasta "antinatural", puesto que lo natural, en pleno siglo XXI, y para la mujer, continua siendo la reclusión, la limitación, el acatamiento y la abnegación. Precisamente el pintor ruso Andrey Remnev, cultivando este tipo de imágenes, se está convirtiendo en uno de los pintores vivos más cotizados y alabados a nivel mundial, y de entre muchas la más aplaudida de sus obras "Desenredo del cabello" que ejecutó en 1997 y cuya protagonista está considerada entre los rostros más bellos de la historia del arte.

Andrey Remnev nació en Yakhroma, una pequeña ciudad fuera de Moscú en 1962. Su trabajo está muy influenciado por los iconos rusos tradicionales debido a que Remnev comenzó su educación estudiando pintura con iconos en el Santo Monasterio Andrónico en Moscú, hogar de innumerables obras de arte ortodoxas rusas, muchas de las cuales fueron pintadas por el monje y artista más famoso de la abadía, Andrei Rublev (1360-1427). Remnev combina lo antiguo con lo nuevo en su propio estilo único para crear una declaración sobre nuestro mundo moderno. Según el artista «*Mis cuadros se distinguen por la atención al detalle y la decoración meticulosa, en un estilo tradicional ruso*». El trabajo de Remnev parece muy tradicional inicialmente con los vestidos y disfraces usados por sus personajes, pero, tras una inspección más detallada, puede ver adiciones elegantes que impulsan la pieza a la época contemporánea. Las mujeres desempeñan un papel importante en las pinturas de Remnev dándoles una calidad universal de grandeza y misterio. El mismo artista explica: *"Mis personajes no son mujeres reales, sino símbolos"*, creando un tipo de belleza eterna y devolviéndola al status procedente.

En "Desenredando el cabello", con un regusto quattrocentista, ecos prerrafaelistas, matices de Art Nouveau y toques constructivistas nos presenta ese ideal de belleza que aún pervive en el más rancio patriarcado: joven, angelical, en un espacio cerrado y aislado dónde ángeles bizantinos custodian como una mujer adulta y encorvada realiza una trenza en la que inserta un cordón rojo, cordón que la joven guarda entre sus manos para adornar la del otro lado. La protagonista, complaciente y arrinconada en el espacio mantiene una postura, cual geisha, incomodísima para que su peinado quede perfecto, tanto que la mantiene inmovilizada para aparentar ser una dama.

Estilos pasados, mentalidades androcéntricas, cuerpos cosificados, encierros claustrofóbicos, bellezas idealizadas, cánones inexistentes, posturas forzadas, imágenes al servicio del varón voyerista vuelven a arrasar sin dar tregua a las reivindicaciones y necesidades de las mujeres devolviéndolas al rincón para que el dueño del universo vuelva a ser el varón.

MUJERES Y GUERRAS: LAS IGNORADAS Y LA OBRA DE KÄTHE KOLLWITZ.

Käthe Kollwitz "Los sobrevivientes". 1923. Museo Käthe-Kollwitz en Berlín

Cuando en educación primaria se empiezan a adquirir conocimientos de historia, se descubre que está llena de héroes, guerras, luchas, ganadores y vencidos. Se estudian hasta bachillerato las guerras púnicas, las conquistas del pueblo romano, los visigodos y su mundo, los señores feudales, Al-Andalus, el descubrimiento de América, las guerras napoleónicas, la primera y segunda guerra mundial, la civil española.

Lamentablemente una historia de vencedores a costa de asesinatos, torturas, dominio que les empuja a crecer y creer en una sociedad basada en estos valores como modelos a imitar para triunfar. Una historia que deja entrever que quien gana es quien mata y que la crueldad es el estandarte del campeón. La historia, así contada, además de transmitir erróneos valores en la educación y la formación invisibiliza a la mitad de la población, las mujeres, las ocultadas y mayores víctimas en los conflictos bélicos.

Las mujeres han intervenido en las guerras desde que estas se libran. Y lo han hecho de forma activa, interviniendo mediante su participación en el combate, la resistencia o la instigación, u oponiéndose con la denuncia, la protesta o el boicot. Sin embargo, los relatos históricos suelen omitir la presencia femenina en conflictos y ejércitos, porque a menudo quedaron relegadas a funciones y puestos subalternos. Incluso cuando fueron protagonistas se las condenó deliberadamente al olvido, cuando en realidad participan de forma plena y directa en las contiendas. Apoyando a los hombres u oponiéndose a ellos, en el combate o en la retaguardia.

Si bien la población civil es a menudo el blanco principal de las hostilidades, en particular en los conflictos armados, las mujeres son en general las víctimas más fuertemente afectadas, pudiendo diferenciar a las mujeres que toman parte en las hostilidades, a la mujer como integrante de la población civil, la violencia sexual en los conflictos armados , las personas desaparecidas y la viudez , las mujeres desplazadas , las mujeres detenidas y las madres que ejercen de jefe de familia ya que, cuando los hombres están combatiendo, son ellas las que garantizan la supervivencia de la misma y de la comunidad.

Las mujeres que toman parte en las hostilidades han participado activamente en los conflictos armados a lo largo de la historia. Fue en la Segunda Guerra Mundial cuando se puso de relieve su papel, fundamentalmente como reservistas o como unidades de apoyo (incluido el trabajo en fábricas de municiones) en las fuerzas alemanas y británicas; en el caso de la Unión Soviética, su participación directa en la lucha como miembros de todos los servicios y unidades ascendió al 8% del total de las fuerzas armadas. Desde entonces, las mujeres han asumido un papel mucho mayor y con más frecuencia están ingresando, voluntaria o involuntariamente, en las fuerzas armadas, en las que asumen papeles tanto de apoyo como de combate. Las mujeres son la opción preferida de los grupos legos cuando se trata de misiones de infiltración y de ataque. En primer lugar, las mujeres despiertan menos sospechas. En segundo lugar, en las sociedades conservadoras del Medio Oriente y de Asia Meridional, se vacila en registrar corporalmente a una mujer. En tercer lugar, las mujeres pueden ocultar un dispositivo suicida debajo de su ropa y dar la apariencia de estar embarazadas. Las mujeres son tan capaces como los hombres de cometer actos de extrema violencia. Asimismo, las mujeres apoyan "activamente" a sus compañeros en operaciones militares suministrándoles el apoyo moral y físico necesario para combatir en la guerra como cocinarles, cuidarlos y cualquier otra cosa que se precise.

Por otra parte, hay mujeres que corren peligro a causa de su presencia entre las fuerzas armadas, pero que están allí absolutamente en contra de su voluntad, secuestradas para que presten servicios sexuales o para que cocinen y aseen el campamento. Durante el período de su secuestro, y a menudo después, estas mujeres y niñas pueden correr considerable peligro, por los ataques de las fuerzas adversarias, tanto como sus secuestradores. Otras mujeres son objeto de sospechas y, a causa del papel real o supuesto de sus compañeros, son blanco de ataques e intimidación a fin de obtener información que permita llegar hasta ellos. Pese a estos ejemplos de participación voluntaria e involuntaria de las mujeres en el conflicto armado, sea como combatientes sea en funciones de apoyo, algunos países y culturas se niegan a aceptar la participación de la mujer en papeles de combatiente en sus fuerzas armadas. La mayoría de las mujeres experimentan los efectos del conflicto armado como parte de la población civil.

Las mujeres como integrantes de la población civil son víctimas de innumerables actos de violencia durante las situaciones de conflicto armado. A menudo sufren los efectos directos o indirectos del combate, soportan bombardeos y ataques indiscriminados, así como falta de comida y de otros artículos esenciales para una sana supervivencia. Invariablemente, las mujeres tienen que asumir una mayor responsabilidad por sus hijos y sus parientes ancianos, y a menudo por la comunidad a nivel más amplio, cuando los hombres de la familia parten al combate, o están internados o detenidos, desaparecidos o fallecidos, desplazados en el interior del país o en el exilio. El mismo hecho de que muchos de sus compañeros están ausentes acentúa la inseguridad y el peligro para las mujeres y los niños que han quedado abandonados y exacerba la ruptura de los mecanismos tradicionales de apoyo en los que se ha basado la comunidad. Debido al incremento de la inseguridad y al temor de ser atacadas, las mujeres huyen con sus niños. Se sabe muy bien que la mayoría de los refugiados del mundo está constituida por mujeres y niños. Sin embargo muchas mujeres no huyen de los combates porque ellas y sus familias creen que el mero hecho de ser mujeres (a menudo con niños) las protegerá en mayor medida de los beligerantes. Piensan que su género les servirá de protección. Así pues, con frecuencia las mujeres se quedan para cuidar los bienes y los medios de sustento de sus familias; para velar por los miembros de la familia, ancianos, niños o enfermos, que no pueden huir por ser menos móviles; para mantener a sus hijos en la escuela,; para visitar y apoyar a miembros de la familia en detención; para buscar a sus parientes desaparecidos; e, incluso, para evaluar el nivel de inseguridad y de peligro, a fin de decidir si sus parientes desplazados pueden retornar en seguridad. Sin embargo, esta percepción de protección no corresponde con la realidad. Al contrario, las mujeres han sido blanco de ataques precisamente por ser mujeres.

Con frecuencia las mujeres se ven directamente amenazadas por los ataques indiscriminados debido a la proximidad de los combates. Asimismo, se ven obligadas a albergar y alimentar a los soldados, quedando así expuestas al riesgo de represalias de las fuerzas adversarias, abocadas a situaciones difíciles , otra boca que alimentar con los escasos recursos, y sometidas a amenazas en contra de su seguridad personal y la de sus hijos. Debido a la proximidad de los combates y/o a la presencia de las fuerzas armadas, las mujeres tienen siempre que restringir sus movimientos; esto limita gravemente su acceso al suministro de agua, alimentos y asistencia médica y su capacidad para cuidar sus animales y sus cosechas, para intercambiar noticias e información así como para buscar apoyo de la comunidad o de la familia.

El acceso limitado a la asistencia médica puede tener un enorme impacto en las mujeres, especialmente por lo que atañe a la salud reproductiva y material. Las complicaciones del parto, más probables según parece en las condiciones estresantes de la guerra, pueden dar lugar a una mayor mortalidad o enfermedad infantil y maternal. Con demasiada frecuencia se acosa, se intimida y se ataca a las mujeres en sus hogares, o cuando se desplazan por las aldeas o sus alrededores, o pasan por los puestos de control. La falta de documentos de identidad afecta gravemente a la seguridad personal y a la libertad de desplazamiento de las mujeres, lo que aumenta el riesgo de abusos, entre ellos el de la violencia sexual.

La violencia sexual en los conflictos armados, la violación sexual, la prostitución forzada, la esclavitud sexual y el embarazo forzado son violaciones del derecho internacional humanitario y forman actualmente parte indiscutible del vocabulario de la guerra. Son crímenes históricos, pero se enseñó que la violación sexual puede justificarse como método de guerra o muestra de poder, como premio al ejército vencedor o lección para el vencido que no pudo proteger a sus mujeres.

En muchos conflictos, las mujeres han sido sistemáticamente tomadas como blanco de violencia sexual, a veces con el objetivo político más amplio de realizar la depuración étnica de una zona o la destrucción de un pueblo. No es posible dar más que estimativos datos sobre el número de víctimas de violencia sexual dado que muchas de las víctimas no sobreviven y que la mayoría de ellas nunca informan sobre la violación sexual de que fueron objeto. No es fácil obtener estadísticas confiables y las que están disponibles se basan a menudo en las cifras sobre víctimas que buscaron ayuda médica para situaciones de embarazo, enfermedades sexualmente transmisibles oalumbramiento. Generalmente, las estadísticas se extrapolan a partir de las cifras sobre mujeres que buscan este tipo de asistencia. No obstante, en general muchas mujeres tienen demasiado miedo de hablar sobre sus experiencias, debido al temor real del ostracismo o de la venganza de su familia o de su comunidad. Muchas de ellas creen también que tras haber sido violadas nadie puede ayudarlas.

El mismo hecho de que muchas mujeres sobrevivan a conflictos en los que sus compañeros han muerto o desaparecido tiene consecuencias enormes. Las mujeres desesperadamente intentan dilucidar la suerte que corrieron sus seres queridos. Los sobrevivientes de las guerras luchan para hacer frente no sólo a la dificultad de obtener el sustento inmediato o los medios de subsistencia para sí mismas y para sus familias, sino además el trauma y la incertidumbre adicionales de no saber lo que les ocurrirá en ausencia de sus parientes varones. Las viudas y los familiares de los hombres desaparecidos – padres, hijos y esposos- pueden perfectamente perder todos sus derechos sobre la tierra, sus hogares y herencias, a la asistencia social y a las pensiones, o incluso el derecho a firmar contratos. A causa de su situación, ellas y sus hijas pueden ser víctimas de la violencia y del ostracismo.

En las guerras, decenas de miles de mujeres indagan sobre la suerte que han corrido sus parientes desaparecidos, búsqueda que frecuentemente se prolonga más allá de la terminación del conflicto. La incapacidad de llorar y de sepultar a sus seres queridos tiene un enorme impacto en los sobrevivientes y en los mecanismos que adoptan para hacer frente a su situación. Las mujeres se ven obligadas a mostrar valor y capacidad de adaptación inmensos como sobrevivientes y como cabezas de familia, papel para el cual muchas no tenían preparación o tenían muy poca, y que se dificulta aún más por las limitaciones impuestas. Muchas mujeres han asumido este reto y, con determinación, han dejado a un lado su trauma a fin de seguir viviendo para sus hijos.

Las mujeres y los niños constituyen la mayoría de los refugiados y desplazados del mundo. Huir y vivir como desplazadas crea numerosos problemas e, irónicamente, las expone a enormes riesgos. Las mujeres en general huyen llevando consigo muy pocos bienes, y muchas de ellas quedan separadas de sus familiares. Es muy posible que el desplazamiento obligue a las mujeres a depender del apoyo de las poblaciones locales de las zonas a las que han sido desplazadas. A menudo tienen que recorrer largas distancias en búsqueda de agua, alimentos, leña o hierbas y productos alimenticios tradicionales como medicina para ellas y sus familias. Con frecuencia, durante esta búsqueda las mujeres corren el riesgo de ser atacadas y de resultar heridas a consecuencia de los combates o de municiones no explosionadas, así como de ser víctimas de abusos sexuales, en particular la violación sexual.

Las mujeres dan muestras de fortaleza y recursividad tremendas en cuanto a los mecanismos de adaptación que adoptan para garantizar su propia supervivencia y la de sus familias. Sin embargo, en los campamentos de desplazados las mujeres son frecuentemente vulnerables, especialmente cuando son cabezas de hogar, viudas, mujeres embarazadas, madres de niños de corta edad o ancianas, ya que deben llevar sobre sus hombros todas las responsabilidades cotidianas de la supervivencia, lo que consume ingentes cantidades de tiempo y de energía. Por lo demás, es posible que las autoridades de los campamentos y las organizaciones que suministran asistencia no se percaten de su situación, pues en muchas culturas las mujeres no están en la esfera pública y a menudo ni siquiera tienen documentos de identidad propios y porque, además, las necesidades específicas de las mujeres no se tienen en cuenta en dichos campamentos. Por ejemplo, las mujeres embarazadas requieren raciones alimenticias más grandes y más acceso a los servicios de salud. Asimismo, las mujeres con niños tienen una preocupación especial por la educación de sus hijos y a menudo tienen que encontrar la manera de costear la ropa y los libros de éstos, por lo que, si los niños están en la escuela, deben hacer frente a mayores cargas de trabajo.

Por otra parte, las mujeres en situaciones de desplazamiento carecen invariablemente de la privacidad necesaria para mantener su higiene personal y su dignidad. Al tener que compartir con mucha gente dormitorios e instalaciones de limpieza y de lavado muchas mujeres se ven forzadas a elegir entre mantener su higiene personal o conservar su dignidad y su seguridad.

A las mujeres se las detiene como resultado de los conflictos, con frecuencia en peores condiciones que a los hombres. Esto primordialmente se debe a que la mayoría de las personas detenidas son hombres, y existen muy pocas prisiones o lugares de detención exclusivamente para mujeres. Por consiguiente, en muchos casos las mujeres detenidas son alojadas en cárceles de hombres y su sección, por ser menos numerosa, por lo general es la más pequeña y carece de adecuadas instalaciones sanitarias y de otra índole. La existencia de una prisión aparte para las mujeres puede asimismo dar lugar a problemas. Puesto que las mujeres por lo general constituyen solamente una minoría de las personas detenidas, muy pocas prisiones se construyen específicamente para ellas. Esto significa que, para las detenidas, la cárcel de mujeres más cercana puede estar ubicada muy lejos de su hogar y al ser enviadas allá se las separa de sus familias y del apoyo que éstas pueden brindarles.

Generalmente, las personas detenidas dependen mucho de las visitas de sus parientes que les llevan alimentos y otros artículos adicionales (como medicinas, ropa, implementos de aseo, etc.). Las mujeres con frecuencia sufren de la carencia de visitas familiares y por ende del apoyo de sus familias. Existen muchas razones para ello: la lejanía del lugar donde se encuentran detenidas, la inseguridad para los visitantes, la falta de voluntad o la incapacidad de los parientes para venir a visitarlas (porque son desplazados, han desaparecido o no se pueden contactar), o la falta de dinero para pagar los costos del viaje. Por otra parte, las mujeres detenidas con frecuencia tienen la preocupación adicional del bienestar de sus hijos, bien sea porque en el lugar de detención tienen consigo niños pequeños que deben criar en condiciones difíciles, o porque han sido separadas de sus hijos y les afecta la incertidumbre de no saber quién los está criando ni cómo lo está haciendo. Incluso cuando es un miembro de la familia quien asume la responsabilidad por los hijos, puede ser muy difícil para las mujeres soportar esta separación impuesta.

Las mujeres también tienen necesidades específicas difíciles de satisfacer cuando están detenidas. Por ejemplo, las mujeres y las niñas en edad de menstruar tienen frecuentemente problemas para obtener una protección sanitaria adecuada, acceso regular a instalaciones sanitarias (servicios sanitarios y zonas de aseo) y prendas apropiadas para vivir su menstruación en una forma que preserve su salud y dignidad. Con frecuencia durante la detención, tanto a los hombres como a las mujeres se los somete al maltrato, incluida la violencia sexual. Para las mujeres existe el serio riesgo de embarazo y de problemas ginecológicos, aparte del temor de las consecuencias que esto puede acarrear para su vida, tanto mientras se encuentren detenidas como después de su liberación, cuando regresen a sus familias y comunidades.

La guerra causa sufrimientos extremos a quienes se ven atrapados en ella. Las mujeres viven la experiencia de la guerra de múltiples formas, desde la participación activa como combatientes hasta el convertirse en blanco de los ataques como miembros de la población civil, específicamente por su condición de mujeres. Pero la guerra para las mujeres no acarrea solamente la violación sexual, también entraña la separación, la pérdida de miembros de la familia y de los medios mismos de subsistencia, trae consigo heridas y privaciones. La guerra compele a las mujeres a desempeñar papeles no acostumbrados y a desarrollar nuevas destrezas para afrontarla. Pese a todo, los libros y manuales las tratan como seres pasivos en el conflicto.

De entre las muchas manifestaciones pictóricas que revelan el padecimiento, activismo y situación de la mujer en la guerra destaca la obra de la alemana Käthe Kollwitz, nacida en Königsberg en 1867 y que además de una artista fue una pacifista que obtuvo el éxito de la crítica del público. La violencia de las guerras de su contexto, así como la pérdida de un hijo durante la Primera Guerra Mundial, marcó significativamente la producción de sus obras, y eso la ha convertido en una de las figuras más populares del arte alemán de entre siglos en la actualidad. Hija de un socialdemócrata prusiano y fuertemente influida por las ideas religiosas luteranas de su abuelo materno, Käthe creció en un ambiente hostil sufriendo el rechazo en su pueblo por las ideas de su padre y su madre, quienes percatados pronto de su talento la inscribieron para que comenzara, antes de los doce años, lecciones de dibujo y pintura y trasladándose a los 16 años a Berlín a una escuela de arte para mujeres. En 1887 regresó a su pueblo natal estableciendo su primer estudio y comenzando su producción pictórica de manera profesional e independiente a la vez que realizó su primer grabado.

En 1891 contrajo matrimonio con el Dr. Karl Kollwitzr y se trasladaron a Berlín, donde se establecieron en uno de los barrios más pobres de la capital. Allí su marido ejerció su actividad tanto como médico como activo militante socialista. La militancia activa de su marido tuvo una influencia relevante en las obras artísticas de Käthe Kollwitz, pues la visión de las miserables condiciones de vida de la clase obrera y su activismo político fueron ejes centrales en sus primeras obras. En 1892 nació su hijo Hans, y en 1896 su hijo Peter.

En 1898 Käthe Kollwitz comenzó a impartir clases en la Escuela de Mujeres Artistas de Berlín, donde permaneció hasta 1903, y en 1910 comenzó su producción de esculturas.

En 1914 su hijo Peter fue asesinado en combate en Flandes, al comienzo de la Primera Guerra Mundial, hecho que condicionó toda su producción artística, suponiendo una de las reflexiones más profundas sobre el horror de la violencia y la pobreza en conflictos bélicos sentidos por una mujer. Pocas veces los retratos femeninos adquieren la dignidad de seres que afrontan la penuria y la miseria impuesta como los realizados por Kollwitz y son contadas las ocasiones en que presenciamos el coraje y la sinceridad de una mujer que se observa a sí misma, a través de sus autorretratos, en un acto íntimo de sinceridad y de búsqueda de respuestas en un mundo hostil, duro y cruel. Los cuerpos de las mujeres de Kollwitz adquieren carácter de verdad y testimonio, se cansan, se arrastran y abrazan con fuerza a la vida que arrebata la miseria y la violencia.

Se alzan como fuerza protectora frente a la destrucción de la vida. Sus dos colecciones,

"La revuelta de los campesinos" y "El levantamiento de los tejedores" simbolizan cómo las clases pobres se enfrentan al poder, mujeres y hombres, y luchan por la vida digna. En ellos las mujeres son parte primordial de la vida, tanto sosteniéndola cotidianamente, impidiendo la violencia, y en última instancia, buscando el cuerpo muerto de sus hijos en el campo de batalla.

Son imágenes inusuales para la mirada acostumbrada a los cuerpos bellos y canónicos del arte occidental. Son cuerpos de personas empobrecidas por la crisis económica, por la desigualdad, son la imagen de personas en paro, llevadas a las esquinas de la miseria que miran, que impelen la mirada del espectador, para preguntar. Pocas veces encontramos los cuerpos de las personas, sin idealización, con toda la humanidad, como en la obra de Käthe Kollwitz.

Son la imagen de los obligados a ir al campo de batalla, a la muerte, a la desaparición. En ellos se reconoce la injusticia de un poder desencarnado que manipula, condena y ordena, que prescribe y proscribe. Pero a la vez, Kollwitz nos muestra la mayor dignidad en sus cuerpos, sus rostros, sus manos que abrazan, asisten y recogen. La madre que abraza al hijo muerto de miseria entre sus brazos, al grupo de mujeres que cierra en torno a ellas a los hijos, al adolescente que se alza contra la guerra, la miseria y la injusticia La artista decía, en sus escritos, que encontraba mucha más belleza en la pobreza que en los ámbitos refinados de las clases altas. En Kollwitz se une ética y estética, donde la belleza es una categoría moral.

Pese a la impopularidad que le supuso su oposición a la guerra, en 1919 fue nombrada miembro de la Academia de las Artes de Prusia y se convirtió en la primera mujer en ocupar una plaza en dicha institución, en la cual permaneció hasta su forzada dimisión en 1933, a causa de la ascensión al poder del partido nacionalsocialista de Hitler, como ocurrió con tantos otros miembros de su generación artística.

Entre 1920 y 1925 realizó las series *Seven Woodcuts on War* (Siete Xilografías sobre la Guerra), publicada en 1924 junto con el portafolio *Parting and Death* (Partida y Muerte), y al año siguiente publicó la serie titulada *The Proletariat* (El Proletariado), todos ellos de fuerte crítica social que denunciaban las condiciones más penosas de la guerra y las injusticias sociales del momento. Estos grabados en madera, se centraban en la angustia que sufren las esposas, padres e hijos cuyos hombres lucharon y murieron en la guerra. En *The Sacriface* (El Sacrificio), una nueva madre ofrece a su bebé como un sacrificio a la causa. En *The Widow II* (La Viuda II), una mujer y su bebé yacen amontonados, tal vez muertos de hambre.

Estas impresiones expresan la cruda agonía que la guerra inflige a la humanidad. En *The Widow I* (La Viuda I), una mujer se abraza con angustia. Su forma redondeada y el tierno contacto de sus manos masivas sobre su pecho y abdomen sugieren que puede estar embarazada, lo que le otorga mayor conmoción a su situación. En *The Mothers* (Las Madres), un grupo de mujeres encerradas en un fuerte abrazo se consuelan mutuamente, mientras dos niños asustados se asoman por debajo de su grupo protector. En *The Volunteers* (Los Voluntarios), cuatro jóvenes, cuyos rostros afligidos y sus puños apretados traicionan su sentido de la fatalidad y la determinación, y se ofrecen como voluntarios para luchar mientras siguen a una figura de tambores con una máscara de muerte. El dolor y el tormento impregnan cada una de estas imágenes, transmitidas gráficamente por los cortes brutos del medio de grabado en madera. *The Seven Woodcuts* sobre la guerra de Kollwitz es uno de los varios portafolios de grabados de artistas alemanes que se centran en el salvajismo de la Primera Guerra Mundial. Pero en lugar de mostrar las brutalidades de la guerra y los bombardeos experimentados por los soldados, la artista retrata las respuestas emocionales de los civiles. Aunque su sensación de pérdida era muy personal por la pérdida de su hijo menor, Peter, Kollwitz representa visiones universales de la tristeza infinita que genera la guerra para los que quedan atrás.

A partir de la ascensión al poder de los nazis, Kollwitz fue víctima del hostigamiento que caracterizó al régimen de Hitler frente a los artistas de vanguardia. Sus obras fueron incluidas en la Exposición de Arte Degenerado celebrada en Berlín, cuya inauguración tuvo lugar el 19 de julio de 1937.

El periodo entre 1937 y 1944 fue especialmente trágico para Kollwitz. A las continuas presiones del régimen nazi se sumó la destrucción de su estudio con la práctica totalidad de sus obras durante los bombardeos de los aliados. Este pesimismo vital se percibe en su última serie de grabados, *Muerte* (compuesta por ocho litografías), que parece prever el fallecimiento de su marido en 1940 y el suyo propio el 22 de abril de 1945, poco antes del fin de la guerra, en Moritzburg, a donde se había trasladado dos años antes a la residencia de un familiar con la intención de ocultarse.

Kollwitz realizó un total de 275 grabados en madera y litografía. Prácticamente los únicos retratos que hizo durante su vida fueron imágenes de sí misma, de las cuales hay al menos cincuenta.

En la actualidad, quizás su obra más emblemática sea una versión ampliada de una escultura similar de Kollwitz, *Madre con su Hijo Muerto*, más conocido como *La Pietá Kollwitz*, que se colocó en 1993 en el centro del Neue Wache en Berlín y que sirve como monumento a las víctimas de la guerra y la tiranía.

La obra de la artista alemana evidencia, sin lugar a dudas, el activismo y victimismo de la mujer en la guerra que, además de hacerlo como hostil, civil, víctima de violaciones y violencia, detenida o apresada, lo hace como hija, madre y esposa.

EL TRÁGICO FINAL DE LA LUNA DE MIEL: "LA MORFINA" DE SANTIAGO RUSIÑOL.

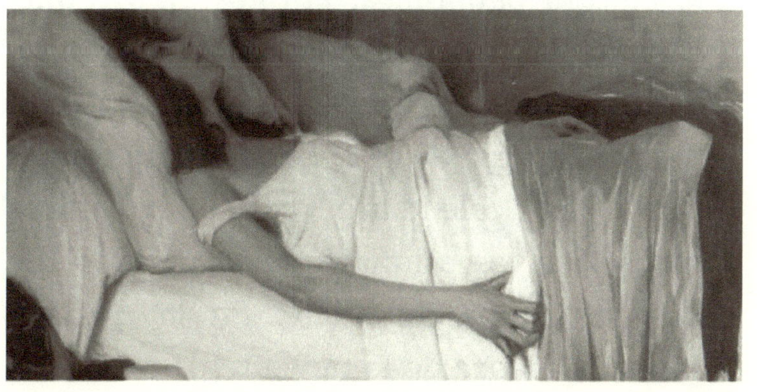

Santiago Rusiñol "La morfina". 1894. Oleo sobre lienzo. 115 x 87,36 cm. Museo Cau Ferrat, Sitges, Barcelona.

Por tratarse de un alimento incorruptible, que se vuelve mucho más dulce a medida que transcurre el tiempo, la miel se ha convertido en muchas culturas metáfora y símbolo de amor eterno, de felicidad conyugal y casamiento. En occidente, en el siglo XVI, lás parejas recién casadas que quisieran tener un varón, debían de beber hidromiel durante todo el mes lunar siguiente a su boda. De aquí hemos heredado la expresión actual de "luna de miel". Sin embargo, 4000 años atrás, ya en la cultura babilónica, era costumbre que, durante un mes después de la boda, el padre de la novia proveyera a su yerno con toda la cerveza de miel que pudiese tomar. Como el calendario babilonio estaba basado en fases lunares, este período fue llamado «luna de miel». En la Antigua Roma la madre de la novia tenía que dejar en el dormitorio donde iban a dormir los novios en su noche de bodas, una vasija con miel para los recién casados. La miel también era considerada un vivificante de la fertilidad. En algunos casos, se ampliaba a un mes aproximadamente. Los Teutones, celebraban sus bodas sólo bajo la luna llena. Después de la celebración, los novios tenían que beber un licor de miel durante 30 días para asegurarse una vida dulce y una familia prolífica. Así pues, en la actualidad, el concepto "luna de miel" hace referencia al viaje que hacen los recién casados lleno de expectativas, proyectos y sueños que, probablemente, quedan lejos de la realidad que sobreviene.

Curiosamente ese mismo concepto idílico y mitificado lo utilizó la psicóloga norteamericana Lenore E. Walker en su obra «The Battered Woman» de 1979, donde recoge lo que la autora denomina «Cycle of abuse» o «Ciclo de la Violencia» en referencia al ciclo que las víctimas de violencia viven respecto de su maltratador, y, utilizando el mismo, para identificar una de las fases de un ciclo que imposibilita a las mujeres víctimas de malos tratos a pensar y crear alternativas para salir de la situación.

La autora concluyó que la violencia se producía en tres fases que se repetían de modo cíclico. Estas son:

La primera es la fase de acumulación de tensión. En ella aumenta la tensión en la pareja, el hombre se muestra cada vez más enfadado con la mujer sin motivo aparente y se incrementa la violencia de tipo verbal. Estos ataques los suele tomar la mujer como episodios aislados que puede controlar y que acabarán por desaparecer. Aquí se dan pequeños episodios que llevan a roces permanentes entre el hombre y la mujer, con un incremento constante de ansiedad y de hostilidad. Esta fase puede durar años, por eso, si la víctima busca ayuda se puede prevenir la irrupción de la fase aguda o del golpe.

En la fase de explosión o agresión, la situación estalla en forma de agresiones físicas, psicológicas y/o sexuales. Esta es la etapa en donde la mujer, frente al golpe, lleva a cabo la denuncia judicial. La violencia física se convierte en un detonador y es por eso que intenta poner fin a ésta crisis.

El ciclo se cierra con una fase de calma, reconciliación o luna de miel en la que el agresor pide perdón a la mujer, le dice que está muy arrepentido y que no volverá a pasar. Utiliza estrategias de manipulación afectiva para intentar que la relación no se rompa, como dándole regalos, invitándola a cenar o a ir al cine, haciéndole promesas, mostrándose cariñoso, y recordándole el hombre del que se enamoró. La mujer cree que el agresor realmente quiere cambiar, le perdona, retira la denuncia si la ha puesto o no la pone, sin saber que esto refuerza la posición de él.

En las fases mencionadas se puede ver que no hay una violencia física, sin una previa y paralela violencia psicológica. Cuando el hombre le pide perdón, la mujer vuelve a confiar en él y deja sin efecto la exposición realizada en el juzgado. Éste es el momento en donde esta situación se transforma en algo habitual y se naturaliza. Esto demuestra que la violencia es crónica, porque va sucediendo de manera cíclica. Es muy importante detectar las señales de ayuda o los indicios que uno como amigo o familiar de una víctima puede detectar. Separarse de su círculo íntimo, dejar de trabajar, aislarse socialmente, volverse más tímida, negar o justificar la violencia son algunas de las actitudes que poco a poco formarán parte de su conducta y personalidad. Tras la fase de "la luna de miel" la violencia se va consolidando, se hace más frecuente, aumenta en escalada y sus consecuencias son más graves.

La violencia de género, ejercida en gran medida en el ámbito doméstico, por varones mayoritariamente, es un problema complejo y multifactorial que se basa en mecanismos de dominio de unas personas sobre otras, de hombres sometiendo a mujeres, pretendiendo señalar quien ostenta el poder en el marco familiar con formas violentas de interacción, como es el caso de las relaciones de abuso. Además, estas relaciones son resultado de un modelo familiar y social que las ha aceptado como estrategias válidas para la resolución de ciertos conflictos. Esta violencia es un problema «para» las mujeres y un problema «de» los hombres pues son, en su gran mayoría, hombres quienes ejercen comportamientos violentos y mujeres quienes los padecen.

Se trata de una tragedia enmarcada en un entorno social y cultural que ha venido tolerando e incluso propiciando estas agresiones con el consenso ideológico que justifica la interiorización de roles victimistas por las mujeres, llegando incluso a anestesiar su malestar.

Esta "luna de miel" se convierte pues en un estado de abnegación, ensoñación, indefensión aprendida y, en demasiados casos ingesta de fármacos que pretenden aliviar el dolor y que sumergen a las víctimas en situaciones de mayor riesgo.

A principios del siglo XIX, para "aliviar" dolores se recetaba opio, sin tener certeza sobre las dosis recomendadas en función de la pureza del preparado. Friedrich Serturner, químico y farmacéutico alemán se interesó por los efectos del opio desde muy temprano. A los 16 años ya fue aprendiz de farmacéutico y en 1809 tenía su primera farmacia. Cuatro años antes y mientras estaba en período de aprendizaje, Serturner decidió, al igual que muchos químicos de la época tratar de aislar los principios activos de las plantas. Realizó un trabajo de dos años de duración que le llevó hasta el descubrimiento de la "morfina", un trabajo que la mayoría de colegas rechazaron y no dieron por válido, así que recurrió a la única fórmula que haría de su descubrimiento un hallazgo oficial y fue llevar a cabo una experimentación pública sobre él mismo y tres amigos que se prestaron. La idea era demostrar que la sustancia que había aislado era de hecho la responsable de las acciones del opio.

El trabajo, que había comenzado anteriormente, estaba basado en sus observaciones, las cuales indicaban que algunas muestras tenían un claro efecto de adormecer el dolor, mientras que otras muestras no lo conseguían. El químico imaginó que el opio debía contener algo que podría contrarrestar el dolor, pero que no podría funcionar a menos que la dosis fuera lo suficientemente alta. El uso del amoníaco para separar el opio en sus componentes básicos aisló lo que más tarde llamaría morfina. Antes de poner a prueba su cuerpo comenzó las primeras dosis con ratones y perros que encontraba en su vecindario. Todos morirían en el camino, pero Serturner no se dio por vencido. Tenía claro que estaba en lo cierto, así que pasó a probar su compuesto junto a tres amigos. La teoría en este caso estaba clara y es que esta era la única forma de poner a prueba su estudio, además, los cuatro podrían describir claramente lo que estaba pasando y lo que sentían.

Así, con 20 años repartió una primera mezcla de morfina y alcohol entre los participantes. El experimento y sus efectos duraron tres días. Al final del mismo, tanto él como sus tres amigos, habían consumido alrededor de 10 veces lo que ahora se podría recomendar para una sola dosis de morfina. De sus escritos se relata un proceso donde experimentaron náuseas, fiebre y mareos. Serturner llegó a pensar que con el experimento estaban envenenados, razón por la que tomaron vinagre con la finalidad de inducirlos al vómito violento. Luego pasaron por un proceso descrito como un "largo sueño". Finalmente relataba entre los efectos secundarios de la morfina dolores de cabeza, de estómago y una fatiga extrema que se prolongaría durante varios días.

Serturner logró su propósito de oficializar el hallazgo, había aislado el principio activo de la morfina. No sólo eso, la propia experimentación le dio el nombre a la droga opiácea en honor al dios griego de los sueños, Morfeo, debido al profundo efecto de sueño intenso. Así, en 1817 Serturner comercializó la morfina como analgésico, pasando a ser el primer tratamiento para la adicción del opio y el alcohol.

El comienzo de su experimento fue histórico por las consecuencias que se produjeron a raíz del mismo. La morfina se convirtió en el primer tratamiento de varios síntomas en la medicina. El uso masificado de ella produjo la aparición de las agujas hipodérmicas en 1843, lo que permitían unos efectos instantáneos y más potentes que su suministro oral. Con ella llegó la primera víctima por sobredosis haciendo uso de las agujas.

En 1878 se aislaba un opiáceo gracias a la acetilación del clorhidrato de morfina, con lo cual se obtuvo diacetilmorfina. Dicho así, la mayoría no entenderá que importancia tenía, pero es que en 1898 la diacetilmorfina fue comercializada por

Bayer bajo el nombre de heroína. Sí, la heroína fue en su momento "propiedad" de Bayer, y sí, también fue comercializada como un sedante para la tos y/o como sustituto de la morfina pensando que era menos adictiva. Había nacido por tanto una de las grandes lacras en cuestión de drogas semisintéticas de consumo, y derivada de la misma morfina (originada a su vez a partir de la planta de opio).

Morfinómano el pintor, escritor y dramaturgo español Santiago Rusiñol y Prats, en 1894 pintó una de sus obras más conocidas "La morfina", una obra influida por los impresionistas, pero intimista y simbólica. Un óleo sobre lienzo de 115cm x 87,36 cm que actualmente se halla en el Museo Cau Ferrat, en Sitges, Barcelona, y que desvela la dramática situación en que se haya una mujer que bien pudiera ser víctima de malos tratos físicos o psicológicos y recurre a la misma para adormecerse, olvidar, perdonar y aceptar, para transcurridas de ocho a diez horas reincorporarse al ciclo de la violencia. La protagonista del cuadro es una joven cuya mano aparece todavía en tensión agarrándose fuerte y dramáticamente a la sábana mientras su rostro delata que el alcaloide ha empezado a hacer su efecto trasladándola a los mundos de Morfeo. El color de la manta, amarilla, simboliza que se trata de una enferma.

La morfina en España, a finales de siglo XIX fue una droga ampliamente extendida y utilizada por la sociedad en general y por la alta sociedad en especial. Las mujeres de las clases más adineradas celebraban reuniones para inyectarse colectivamente, encargando incluso a joyeros la realización de jeringuillas de plata, en algunos casos inclusive con incrustaciones de brillantes. Sin embargo, a pesar de su difusión, socialmente estaba mal vista, por lo que Rusiñol recurre al subterfugio de representar a la joven como una enferma, que estaría tomando la droga para paliar sus dolores.

Las dificultades de expresión emocional, la débil autoestima, la percepción distorsionada de la realidad y la vivencia de amenaza constante, son la base de muchos conflictos violentos en el hogar. Por eso, la forma más frecuente de violencia contra las mujeres es la doméstica a través del maltrato repetido mediante abuso físico, sexual y/o psicológico. Empujones, golpes, violaciones, insultos, humillaciones, amenazas o incluso asesinatos no son sino algunas de las manifestaciones de estas agresiones en el ámbito doméstico. Un 24% de las mujeres con edades entre 18 y 64 años son víctimas de malos tratos. De ellas, un 12% han pensado alguna vez en el suicidio para dar fin a su situación. Incluso un 6% de las mujeres maltratadas ha intentado quitarse la vida en alguna ocasión. La afectación psicopatológica es, asimismo, sufrida por las mujeres que reciben maltrato físico o psicológico, y un elevado número de ellas también padecen relaciones sexuales forzadas. A pesar de ello, se considera que el 85% de las situaciones de violencia doméstica no llegan a denunciarse. Sin embargo el problema no queda ahí, ya que pese al gran número de denuncias que se interponen la mayoría de ellas no llegan a la fase de diligencias previas, porque son retiradas por las mujeres ante presiones, sentimientos de culpa o miedos de todo tipo, o porque están mal formuladas en los dificultosos trámites administrativos. Además, la falta de apoyos legales o jurídicos y el desconocimiento de los recursos existentes (casas de acogida, pisos tutelados, asesoramiento psicológico, etc.) no ayudan a que las denuncias sigan su normal trámite.

Con todos estos datos se puede considerar que existe cierta falta de voluntad para castigar a quien ejerce violencia en el entorno intrafamiliar, lo que deriva en múltiples problemas tanto jurídicos como, principalmente, sociales.

Resulta inexplicable para la sociedad que las mujeres no pongan fin a esta situación, sin entender que se encuentran en una espiral en la que todos y todas debemos involucrarnos para rescatar.

LA ESCALADA DE VIOLENCIA Y LOS DELITOS PASIONALES: "EL CERROJO" DE FRAGONARD.

Jean Honoré Fragonard "El cerrojo". 1776. Oleo sobre lienzo. 71 x 92 cm. Museo del Louvre.

Herir, quemar, golpear, empujar y finalmente asesinar son el último escalón en un proceso de violencia de género que comienza en una escalada lenta, pausada y continua años antes del dramático final, en tanto en cuando no es menos trágico el día a día.

La sociedad debe concienciarse a que nadie tiene derecho a maltratar a otra persona y no hay ningún motivo que lo justifique. El único responsable del maltrato es quien lo ejerce, no su víctima. La mujer maltratada debe saber que, por muchas muestras de arrepentimiento y ternura que él exprese y por muchos esfuerzos que ella realice, él no cambiará, y que de no ponerle fin lo antes posible caerá en un proceso ascendente donde la intensidad y frecuencia de las agresiones se incrementará a medida que pase el tiempo.

El amor no mata, ni duele, ni angustia, ni lastra, ni frustra, ni da miedo, sin embargo muchas mujeres desde el comienzo de sus relaciones lo viven así, confundiendo la posesividad de él con una demostración de amor. "Nadie te quiere como yo", "tus amigas son estúpidas, me miran mal", "tenemos que pasar más tiempo juntos", "¿Quién te llama?", "¿Con quién vas?", "¿Dónde vas?" son las primeras señales de alerta y los inicios del maltrato psicológico, de controlar las relaciones sociales, de aislarla. El entorno lo presiente, la familia lo vive, pero ellas lo justifican pues piensan que están enamorados, cuando se trata de mal trato.

La mujer empieza a distanciarse de sus amistades, de su padre, madre, hermanos y le consagra su tiempo a él que, generalmente, le confiesa haber tenido una infancia infeliz y amarga, haciéndole creer a ella que es su redentora, su salvadora y, sin darse cuenta a convertirse en el saco de boxeo donde el paga sus frustraciones y despechos, comenzando la violencia verbal. Insultos, amenazas, coacciones, desprecios, primero en privado y más adelante públicamente que ella sigue justificando y defendiendo creyendo que ellas son las culpables de esas reacciones.

Normalizada esta etapa se asciende a la violencia sexual, a obligarla a mantener contactos y relaciones, cuando, donde y como ellos quieren y a impedir que ellas disfruten de su sexualidad libremente. Si no antecedente, paralelamente, comienza la violencia física, forzando, empujando, golpeando, abofeteando y, por supuesto, después culpándola de provocar esas reacciones, vejándola y humillándola hasta creerse responsable y entrando en una fase de indefensión que le impide denunciar.

No es sencillo denunciar a la persona con la que has hecho un proyecto de vida, con quien compartes domicilio o tienes hijos o hijas en común. Y no es sencillo porque sienten que de hacerlo rompen la unidad familiar, y es que ellos las machacan con ese tema. No hay un perfil de víctima, podemos ser cualquiera de nosotras, la violencia no depende del nivel económico, ni de la formación, víctimas de malos tratos podemos ser todas.

Los insultos, desprecios, vejaciones y golpes se pueden prolongar años, por lo que cuando es asesinada una mujer no vale la frase "no habían denuncias", puesto que ello no implica que no hubieran malos tratos, sino miedo y paralización en interponerla. El asesinato, o intento del mismo, de una mujer por parte de su pareja o ex pareja es la punta del iceberg de una relación prolongada de malos tratos, nunca un suceso eventual o como hasta hace poco llamaban un "crimen pasional".

En nombre de la "pasión", del "amor" y del "romanticismo" se han justificado atrocidades hechas por los hombres a las mujeres. Los asesinatos o abusos dentro del hogar quedaban puertas adentro, en "la vida doméstica". Eran los tiempos de las cosas no dichas, del ocultamiento y la negación, de "problemas de parejas". Todavía los medios de comunicación hablan de crímenes metaforizando la tríada "amor, locura y pasión", cuando la violencia ha de tratarse como parte de un proceso dándose explicaciones para que el tema deje de tratarse de algo "íntimo y casual" y se convierta en social.

Los casos de violencia han de abandonar la privacidad del hogar para tener un tratamiento público. Son inadmisibles titulares como "la hallaron muerta" o "el presunto homicida", cuando se ha entregado y confesado, o invitaciones a vecinas que digan que "era un hombre agradable y educado".

En esa misma atmósfera de erotismo, desenfreno y "acaloramientos amorosos", la historia del arte habla de obras maestras, intimistas y de género. Representaciones como la conocida "The Bolt", "Le Verrou" o "El Cerrojo" del pintor francés Jean-Honoré Fragonard , un óleo sobre lienzo realizado entre 1776 y 1779 cuyas dimensiones son 71 cm x 92 cm y que podemos contemplar en el museo del

Louvre en París, nos invita a profundizar en el tema.

La cultura patriarcal y la historiografía androcentrista han catalogado esta obra como una escena galante que muestra a dos amantes entrelazados en un dormitorio, un obra cumbre del rococó francés y al artista como uno de los mejores representantes de escenas de amor y placer, de voluptuosidad y dominio de la luminosidad. Efectivamente en esta obra comprobamos que el dominio de la luz y del color acentúan dramatismo al acontecimiento, que en su momento fue visto como una escena apasionada, pero que con perspectiva de género no podemos obviar que es una situación de maltrato, un episodio en la escalada dentro de la violencia física que ha superado a la psicológica, verbal y anticipa la sexual.

En el lienzo hay dos protagonistas principales, el hombre y la mujer; y dos secundarios, el cerrojo y la cama, conformando todos ellos un espacio cerrado, interno, de penumbra en la adversidad.

El hombre joven, libertino, con ropa ligera, suelta, desabrochada, blanca y de seda, descalzo, con el cabello suelto y desordenado, enérgicamente agarra a la fuerza a la dama, joven, bella, noble o burguesa, vestida de raso, que se resiste con la mano apartándole el rostro, y con el cuerpo y sus fuerzas rechazándolo. Ante la angustia de ella, y estirando el brazo derecho, el hombre sin soltarla a ella cierra la puerta blindando un cerrojo, funcionalmente mal colocado pero, que sirve para exagerar la intención de él y transmitir la tensión e indefensión de ella. La cama, a la derecha y deshecha incita a pensar en que el forcejeo ha comenzado antes de la instantánea de la escena captada, una escena de violación sin lugar a dudas, entendida en su momento como erótica o de pasión. Cuando, sin lugar a dudas el nombre de la obra encierra a la dama en la habitación, aislándola e impidiéndole gozar de su libertad.

Cuando escuchemos que ha habido un asesinato de una mujer a manos de su pareja o ex pareja, no olvidemos, por mucho que lo oculten, que ha habido una antesala de malos tratos psicológicos, verbales, sexuales y físicos. Cuando llegan los golpes, la víctima ya está aislada, cuando el asesinato, es que física o emocionalmente ha sido zurrada.

No es no. No hay más.

LA VULNERABILIDAD DE LA MUJER EMBARAZADA Y LA OBRA DE GUSTAV KLIMT.

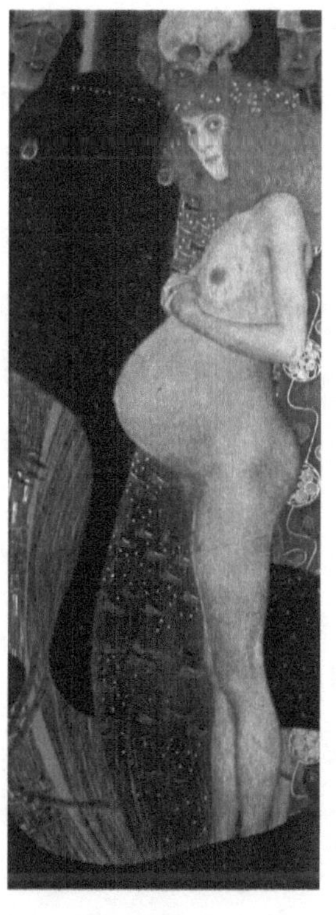

Gustav Klimt "Esperanza I". 1903. Oleo sobre lienzo. 189 x 67 cm. Galería Nacional de Canadá.

La gestación y la maternidad son posiblemente los dos momentos que cambian la vida de la mujer, produciéndose cambios físicos, psíquicos y emocionales que las convierten en población vulnerable en máximo riesgo. Las estadísticas nos dicen que casi una de cada cuatro mujeres (22,7%) sufre agresiones de género verbales, físicas o sexuales durante el embarazo.

En 1903, el pintor simbolista austriaco Gustav Klimt, pintó "La esperanza I", cuya protagonista es una mujer embarazada, Ya en su cuadro "La Medicina" había tratado el tema, pero de forma más sutil, menos evidente. Por supuesto, la obra fue un escándalo en su época, una sociedad puritana austriaca, por ello y aunque el artista lo realizó para exponerlo ese año en el edificio de la Secession, el ministro de cultura Von Hartel, convenció a Klimt para que no lo hiciera y evitar que la controversia aumentara en las universidades. El pintor aceptó y encontró pronto un comprador en el cofundador de los Talleres de Viena, Fritz Wärndonfer, quien lo mantuvo cubierto con una tela durante años. Actualmente el lienzo se exhibe en la Galería nacional de Canadá y tiene unas dimensiones de 189 x 67 cm.

La obra es un claro ejemplo del estilo simbolista del artista, aunque no utiliza el pan de oro tan peculiar en su producción, las formas sinuosas y el decorativismo se convierten en elementos indicativos de su personal estilo. La falta de perspectiva y el horror vacui son también características de este trabajo, una de sus obras maestras en la que podemos comprobar la elevada calidad del dibujo y su facilidad a la hora de aplicar el color.

Titulada "Hope I" y traducida como "Esperanza I", se trata de un óleo sobre lienzo cuya protagonista es una mujer embarazada, totalmente desnuda, de pie y que sostiene sus manos juntas sobre su estómago y cerca de su pecho. La modelo para la obra fue Herma, una mujer que ya había posado en varias ocasiones para Klimt pero que dejó de ir a su estudio por su gestación, enterado el pintor de ello la llamó para posar, pues a la necesidad económica de ella se unía la posibilidad de tratar un tema novedoso, insólito y provocador para la sociedad de la época y con el que de nuevo entraba en la controversia. Klimt representó a Herma joven, muy joven, infantilizada, de no ser por su abultado vientre nadie pensaría que está embarazada. Sus piernas adolescentes, sus pechos juveniles, sus frágiles brazos, su rostro infantil y su espesa cabellera pelirroja, igual al color de su pubis, está coronada por flores blancas que son una alegoría de su inocencia. Se desconoce la edad y fisionomía de la modelo en ese momento pero, consciente o inconscientemente lo cierto es que la gestante dista mucho de los patrones físicos de una mujer en su octavo o noveno mes de gestación, pero sí aciertan en el imaginario colectivo creado en torno a una mujer en ese estado y que, socialmente, nada más saber que está en cinta la cultura patriarcal la devuelve a la infancia dejándola de tratar como mujer e, independientemente de su edad, convirtiéndola en una niña carente de autonomía, criterio y capacidades.

Independientemente si es adulta, adolescente, está sola o en pareja, sea autónoma, inteligente o capaz, o tenga o no un trabajo precario, cuando la mujer anuncia su maternidad automáticamente se socava la confianza que tiene en si misma tanto desde el ámbito familiar como sanitario y se la intenta convertir en un ser dócil que acate los criterios de los demás pasando a ser una "primípara". Se juzga su constitución física, su peso, la alimentación que ingiere, sus hábitos y hasta sus movimientos, de modo que el que debiera ser un momento de felicidad, armonía personal y transición pasa a generarle a ella el creer que está en una situación peligrosa y de riesgo que unos y otras tienen que controlar, perdiendo su libertad y soberanía. Se la empieza a hablar empleando diminutivos, con un lenguaje condescendiente, relegándole el papel de protagonista para pasar a desempeñar un rol de mera espectadora de las acciones que ejercen sobre su cuerpo cosificado. El paternalismo se cierne sobre ella sin respetar su autonomía ni capacidad de decisión, la tratan como una paciente o una enferma en vez de una adulta o una usuaria.

En el ámbito familiar las suegras, madres, hermanas, cuñadas se convierten en recordatorios y recetarios basados en sus experiencias, incluso vecinas o desconocidas osan dar consejos que no se piden pero que dan cargadas de razón. Se desarrollan situaciones donde, instintivamente, las mujeres empiezan a competir obsesivamente transmitiendo a la futura madre estrés, preocupación y miedos en unas circunstancias que debieran ser de absoluta relajación.

A nivel sanitario, aunque el tema de la violencia obstétrica debe tratarse con más amplitud, ante la mujer embarazada el o la profesional con bata blanca la trata como a una niña, imponiéndole tratamientos y realizando intervenciones sin pedir el consentimiento. Número de ecografías por encima del necesario, exceso de tactos vaginales, episeotomías, estimulación con oxitocina sintética para planificar horarios y personal de hospitales, uso de fórceps, amniotomías, cesáreas innecesarias, son algunos ejemplos reveladores de como sanidad secuestra la autonomía y capacidad de las mujeres y decide, sin tener en cuenta su opinión, su cuerpo o sexualidad, puesto que, sin informarnos, estas intervenciones van a influir en nuestra futura calidad de vida. En ambos ámbitos las mujeres nos sentimos presionadas y coaccionadas para que otras u otros decidan por nosotras, nos manipulen, conviertan en objetos y anulen nuestra toma de decisiones.

Volviendo a la obra de Klimt, y una vez interpretada la infantilización de la protagonista, mirando tras la claridad de su figura vemos detrás y a la derecha unas figuras inquietantes y amenazantes a las que la gestante parece ignorar. En la base y atrapando sus pies hay un monstruo marino cuya cola la envuelve tratando de capturarla y saliéndose del marco. A su izquierda, detrás, negro, parece ser que está Tifón, otro monstruo con cabeza de buey nacido de la unión de Gaya (madre tierra) y Tártaro (el más profundo e inhóspito lugar del inframundo) y quien dependiendo del momento podía mugir como un toro, rugir como un león, ladrar como una jauría de sabuesos o hablar el lenguaje de los dioses. Con sus diferentes ruidos pretendía dominar el mundo. En el cuadro aparece con una corona de estrellas sobre su frente inclinada que le alumbra el camino. Al fondo cuatro figuras, la más evidente un cráneo que se prolonga hasta los pies de ella en un manto azulado decorado con estrellas doradas, y que simboliza la muerte; los otros tres rostros son connotaciones malignas que pudieran eludir a la enfermedad, la locura y el pánico. A la obra se contrapone pues la dulce imagen de ella con los males y temores de los que no parece ser consciente la joven.

Los adelantos en medicina desde que Klimt pintó su obra hasta la actualidad han mejorado los niveles de natalidad y reducido los riesgos en el embarazo y parto pero sin duda y emocionalmente las mujeres en cinta siguen preocupándose por la salud de sus futuros bebes, sus miedos y temores, pese a los avances, persisten. Los monstruos de la obra del pintor modernista conducen a reflexionar sobre el que desgraciadamente surge en demasiados casos al lado de la gestante, y que es la del violento maltratador y es que hoy disponemos de indicadores que señalan que el predominio del abuso físico y sexual es mayor y más grave entre las mujeres embarazadas que entre otras mujeres, convirtiéndolas en un grupo de riesgo severo.

Con el embarazo se desatan los celos del varón que deja de recibir las mismas atenciones, muchos incluso dudan o sospechan que ellos sean los responsables. Su posesividad lleva a algunos a impedir que ellas acudan a consulta médica, que las toquen o las vean pues consideran que sus cuerpos son suyos. Muchos ven el acontecimiento como una carga económica tanto por los gastos del futuro bebe como por la indisposición física de la mujer para continuar con el mismo trabajo dentro y fuera del hogar. También los hay quienes aprovechan la vulnerabilidad e indefensión de ellas para pagar con las mismas sus iras y frustraciones, así como para desarrollar un rol paternalista y dominante machista.

La dulce espera o el estado de buena esperanza se convierte para muchas en un calvario humillante, vergonzoso, silencioso y solitario en el que comienzan a descubrir al monstruo que las ha preñado y, por desgracia, con quien tendrán un vínculo de por vida. Si es repugnante que un hombre agreda a una mujer, más lo es que lo haga estando embarazada y máxime que atente contra la vida de un ser indefenso que no ha nacido y del que biológicamente es su progenitor.

Aumento de peso, molestias, cambios físicos por retención de líquidos y aumento de volumen de la barriga, estrías en el pecho y otras partes del cuerpo, cambios hormonales que provocan nauseas, dolor en las mamas, brotes de acné, estreñimiento y alteraciones emocionales son los mínimos cambios que padecemos en la gestación. Nuestras vidas cambian, buscamos el recogimiento, necesitamos paz, alimentarnos saludablemente, tener horarios adecuados, descansar, pasar de cuidarlos y complacerlos a ellos para cuidarnos a nosotras mismas y al bebe que estamos gestando. En esa metamorfosis, abandono del canon de belleza y destronamiento del príncipe, muchos varones, de forma grosera, cruel y despiadada deciden continuar con sus vidas sin asumir su paternidad.

Una buena amiga llamada Leticia me contaba un día que, antes de saber que estaba embarazada, salía todos los fines de semana con su pareja, tomaban y se divertían hasta no poder más. Con el embarazo ella cesó las salidas nocturnas; él lo siguió haciendo. Volvía de madrugada, cargado, apestando a alcohol, con ganas de sexo. En su segundo mes de embarazo recibió su primer bofetón que fue la antesala de palizas, humillaciones y vejaciones hasta un parto prematuro. Otra amiga, Rosario, por complicaciones en la gestación, tuvo que abandonar el trabajo precario que tenía limpiando casas para depender económicamente de él. Fea, puta, loca, eran los insultos que recibía cuando pedía algo. Almudena, otra amiga, pasó el embarazo llorando, sufriendo violaciones, queriéndose ir y soportando que le dijeran lo inútil que era y que donde podía ir una desgracia como ella con una hija o embarazada. Mis tres amigas alumbraron a sus bebes en la soledad y en la amargura, muy lejos del sueño que habían idealizado y, cuando comprobaron que los malos tratos persistían sobre ellas y las criaturas, los abandonaron. Mis tres amigas soportaron un proceso contencioso que terminó en una custodia compartida que ejercen los progenitores para seguir maltratándolas.

El mito de la maternidad deja de serlo cuando adentramos en estos casos que, soporta una de cada cuatro mujeres que viven en pareja, después tenemos el caso de las mujeres adultas solteras que pocas veces tienen el apoyo familiar cuándo deciden quedar embarazadas, así como el de las adolescentes que, sin tener todavía, como es normal, capacidad de criterio y juicio, abandonan la infancia para entrar forzadamente en la madurez.

Esos lloros sin motivos aparentes que la literatura habla quizá se correspondan en la realidad con el descubrimiento del príncipe que te salió rana, con la sensación de haber cometido un error imposible de reparar, con descubrir que es tarde para tomar soluciones y aceptar que tienes que aguantar.

Bofetadas, empujones, puñetazos, patadas, heridas, palizas, quemaduras, fracturas de huesos, tirones de pelo, lanzamiento de objetos, cortes de cabello, insultos, vejaciones, violaciones, golpes en el vientre para que abortara, ingresos hospitalarios, infecciones, sangrados, es el día a día de muchas mujeres gestantes.

Si la violencia contra una mujer de por sí, es un acto criminal, hacerlo contra la embarazada además de abominable dispara los riesgos y los prolonga al feto.

La capacidad reproductora de las mujeres debiera ser motivo de empoderamiento para las mismas pero lamentablemente el patriarcado la ha utilizado para someternos y hacernos vulnerables. Otra lucha que hay que lidiar.

Conclusión

La formación feminista es necesaria puesto que es la única que garantiza una educación en igualdad. Visibilizar, estudiar y analizar la historia y el pasado es la forma más óptima de comprender las desigualdades que ha habido por razón de género.

Las producciones artísticas, como reproducciones de mentalidades pretéritas son un vehículo fundamental para la enseñanza humanística, así como fuente inagotable para el debate social.

El arte y su historia deben dejar de concebirse como elementos pasivos del saber que se exponen en museos silenciosos para pasar a ser agentes socializadores a través de diálogos activos.

La mujer ha sido y es un objeto al servicio del patriarcado. A través de obras de la historia del arte podemos constatarlo.

Imágenes cosificadas, creadas desde ideales de belleza al antojo del macho, artistas invisibilizadas, producciones artísticas femeninas menospreciadas, escenas admiradas en museos e instituciones que contienen raptos, abusos, agresiones o violaciones.

Vidas turbulentas al amparo de ser educadas en la creencia del amor romántico, abanderadas del feminismo, miedos, temores, fechas para rememorar.

Mitos, leyendas y relatos que encubren aberraciones, estereotipos y arquetipos que han sobrevivido hasta hoy.

Sobre todo ello se reflexiona en este libro a partir de obras de arte.

El estudio del arte y su relación con las mujeres acaba de comenzar. Son muchas las biografías que deben rehacerse con otros parámetros y mucha la perspectiva de género que aplicar al arte. Esta es por tanto una versión novedosa, arriesgada y que por tanto sería deseable que no deje, para bien o para mal, indiferente a nadie.

Acostumbramos a relacionar la violencia de género con el asesinato, obviando la que se ejerce desde otros ámbitos como el familiar, sexual, económico, intelectual, físico, histórico, académico, institucional, cultural, religioso o político. Es deseo de esta autora poner todos estos temas en la palestra creando debate y crítica y, acercando a la sociedad las obras de arte como herramienta en la formación en igualdad. La educación es la única forma de poner fin a la violencia machista.

Espero que, al finalizar este libro, se sienta el arte más próximo y adivinemos en las obras que se pongan ante nuestros ojos a hombres y mujeres, ante todo a personas, víctimas de una sociedad patriarcal.

Bibliografía

Alexandrian, S. (1980 [1977]). Los libertadores del amor. Trad. Adolfo Sarabia Santander. Badalona: Ruedo ibérico.

Addis, S. (1989). The Art of Zen: Paintings and Calligraphy by Japanese Monks 1600-1925. Nueva York: Harry N. Abrams

Ballester Buigues, I. (2012). El cuerpo abierto, Representaciones extremas de la mujer en el arte contemporáneo. Gijón: Trea.

Breton, A. (1972 [1924]) Los pasos perdidos. Madrid: Alianza editorial. Trad. Miguel Veyrat.

Caballero Guiral, J. (2002). La mujer en el imaginario surreal. Figuras femeninas en el universo de André Breton. Castellón: Universitat Jaume I.

Chadwick, W. (1992 [1990]). Mujer, arte y sociedad. Trad. María Barberán. Barcelona: Destino.

De Cecco, E. y Romano, G. (2002). Contemporanee. Percorse e poetiche delle artiste degli anni ottanta a oggi. Milano: Postmedia.

Lebovici, E. (2009). La gêne du féminin. En Elles @centrepompidou. París: Centre Pompidou.

Leymann, H. (1996). The Content and Development of Mobbing at Work. European Journal of Work & Organizational Psychology. Vol. 5. Issue 2, 165-184.

Marín Torres, J. M. (2008). Silencio y filosofía (Pensar en, desde, contra el silencio). En M. Farrell y M. Dos (Eds.), Veintinueve maneras de concebir el silencio. Castellón: Diputación provincial.

Marinetti, F. T. (1983, [1919]). Contro il matrimonio. En Democrazia futurista. Dinamismo politico, en Teoria e invenzione futurista, a cura di Luciano di Maria. Milano: Mondadori.

Nicoïdski, C. (1994). Une histoire des femmes peintres. Francia: Jean-Claude Lattès.

Nochlin, L. (1994 [1971]). Why Have There Been No Great Women Artists? En L. Nochlin, Women, Art, and Power and Other Essays (pp. 145-178). London: Thames & Hudson.

Pizan, C. (de) (1995 [1405]). La ciudad de las damas. Traducción de Maire-José Lemarchand. Madrid: Siruela.

Pollock, G. (1994). Histoire et politique: l'histoire de l'art peut-elle survivre au féminisme? En Féminisme, art et historie de l'art. París: École Nationale Supérieure des Beaux-Arts.

Weininger, O. (1985 [1902]). Sexo y carácter. Traducción del alemán de Felipe Jiménez de Asúa. Barcelona: Península.

Weidner, M. (Ed.). (1990). Flowering in the shadows. Women in the History of Chinese and Japanese Painting. Honolulu, Hawai: University of Hawaï Press.